U0507463

国家社科基金项目成果
科学发展观与浙江发展研究中心研究成果

创新驱动与转型发展丛书

加快发展
原创性高新技术产业研究

徐明华 等◎著

中国社会科学出版社

图书在版编目 (CIP) 数据

加快发展原创性高新技术产业研究 / 徐明华等著 . —北京：
中国社会科学出版社，2015.12
ISBN 978 - 7 - 5161 - 7540 - 8

Ⅰ.①加⋯ Ⅱ.①徐⋯ Ⅲ.①高技术产业—产业发展—
研究—中国 Ⅳ.①F279.244.4

中国版本图书馆 CIP 数据核字 (2016) 第 020887 号

出 版 人	赵剑英
责任编辑	冯春凤
责任校对	张爱华
责任印制	张雪娇

出　　　版	中国社会科学出版社
社　　　址	北京鼓楼西大街甲 158 号
邮　　　编	100720
网　　　址	http：// www.csspw.cn
发 行 部	010 - 84083685
门 市 部	010 - 84029450
经　　　销	新华书店及其他书店

印　　　刷	北京君升印刷有限公司
装　　　订	廊坊市广阳区广增装订厂
版　　　次	2015 年 12 月第 1 版
印　　　次	2015 年 12 月第 1 次印刷

开　　　本	710×1000 1/16
印　　　张	11.75
插　　　页	2
字　　　数	200 千字
定　　　价	45.00 元

凡购买中国社会科学出版社图书，如有质量问题请与本社营销中心联系调换
电话：010 - 84083683
版权所有　侵权必究

党校文库编委会

主　　任：陆发桃

副主任：徐明华　　何显明

成　　员：陈立旭　　胡承槐　　方柏华　　王祖强

　　　　　郭亚丁　董根洪　　何圣东　　林学飞

《创新驱动与转型发展丛书》编辑委员会

主　　编：徐明华

编委会成员（按姓氏笔划排序）：

　　　　　包海波　　陈锦其　　张默含　　徐竹青

　　　　　徐梦周　　徐蔼婷　　谢　芳

目　录

前　言

　　党的十八大以来，中共中央总书记习近平同志围绕实施创新驱动发展战略发表了一系列重要论述。习近平同志在中共中央政治局举行第九次集体学习上强调，实施创新驱动发展战略决定着中华民族的前途命运。科技兴则民族兴，科技强则国家强，科学技术是经济社会发展的一个重要基础资源，是引领未来发展的主导力量。习近平同志指出，中国是一个大国，必须成为科技创新大国。新中国成立60多年特别是改革开放30多年来，中国经济社会快速发展，其中工程科技创新驱动功不可没。"两弹一星"、载人航天、探月工程等一批重大工程科技成就，大幅度提升了中国的综合国力和国际地位。三峡工程、西气东输、西电东送、南水北调、青藏铁路、高速铁路等一大批重大工程建设成功，大幅度提升了中国的基础工业、制造业、新兴产业等领域创新能力和水平，加快了中国现代化进程。农业科技、人口健康、资源环境、公共安全、防灾减灾等领域科技发展，大幅度提高了13亿多中国人的生活水平和质量，使中国的面貌、中国人民的面貌发生了历史性变化。

　　习近平同志强调，新一轮科技革命和产业变革正在孕育兴起，一些重要科学问题和关键核心技术已经呈现出革命性突破的先兆，带动关键技术交叉融合、群体跃进，变革突破的能量正在不断积累；机会稍纵即逝，抓住了就是机遇，抓不住就是挑战。纵观世界现代化的发展历程，谁抓住了科技革命的机遇，谁就将发展的主动权掌握在自己手里。习近平同志在2014年国际工程科技大会上的主旨演讲强调，每一次产业革命都同技术革命密不可分。18 世纪，蒸汽机引发了第一次产业革命，导致了从手工劳动向动力机器生产转变的重大飞跃，使人类进入了机械化时代。19 世纪末至 20 世纪上半叶，电机和化工引发了第二次产业革命，使人类进入了电气化、原子能、航空航天时代，极大提高了社会生产力和人类生活水平，缩小了国与国、地区与地区、人与人的空间和时间距离，地球变成了一个"村庄"。20 世纪下半叶，信息技术引发了第三次产业革命，使社会生产和消费从工业化向自动化、智能化转变，社会生产力再次大提高，劳动生产率再次大飞跃。

2　　　当前，大数据、云计算、3D 打印、新能源、新材料等前沿技术方向都面临着重大突破，将对社会生产方式和生活方式带来革命性变化。美国等西方国家都在制定创新战略，以图掌握未来发展的主动权。作为后发国家，我国与发达国家站在同一起跑线上，要抓住和用好这一战略机遇，实现赶超跨越发展。去年，国家科改领导小组先后动员 8000 多人次中外专家开展了中长期科技规划、国家重大科技专项和中外技术竞争的调查工作。在参与调查的十大领域、1149 项关键技术中，195 项（17%）已经达到国际领先水平，355 项（31%）与国际先进水平同步或相差不大，还有 599 项（52%）与国际先进水平有较大差距，处于跟踪阶段。我国技术水平的基本格局从全面跟踪逐步向领跑、并跑和跟跑三者并存转变，成为具有重要影响的科技大国。当前，中央财政科技投入更加集中于战略高科技、基础研究、重大关键共性技术和农业科技的发展，更加注重环境、健康和防灾减灾等民生事业的发展。中央财政对基础研究的投入从 2008 年的 170.2 亿元增加到 2013 年的 362.9 亿元。2008—2013 年，中央财政共投入国家科技重大专项（民口）823 亿元，带动企业和地方投入 1400 亿元，围绕产业链进行系统部署，集中力量突破一批关键共性技术，研发一批具有自主知识产权和市场竞争力的重大战略产品，解决了我国经济社会发展中众多的"短板"问题和"卡脖子"问题，新技术、新产品创造的新产值累计 1.2 万亿元。[①]

　　我国能否在未来发展中后来居上、弯道超车，主要就看我们能否在创新驱动发展上迈出实实在在的步伐。这是习近平同志在中国科学院第十七次院士大会、中国工程院第十二次院士大会上发表的重要论述，他同时强调要让市场在资源配置中起决定性作用，同时要更好发挥政府作用，加强统筹协调，大力开展协同创新，集中力量办大事，抓重大、抓尖端、抓基本，形成推进自主创新的强大合力。党的十八届三中全会进一步提出，通过深化改革和推进依法治国建设完善国家创新体系和创新驱动政策环境。深入学习贯彻这些重要讲话精神，要求我们进一步深入研究原始创新等创新驱动发展的基础问题、关键问题和重大战略问题，全面创新驱动发展战略，通过创新加快发展原创性高新技术产业，把科技转化为现实生产力，为经济社会发展提供强大支撑。

　　全书共分 6 章。第一章是关于原创性高新技术产业特征及发展规律，在界定原创性高新技术产业基本概念并归纳其基本特征的基础上，从产业发展阶段、影响因素和内在动力机制等角度解释原创性高新技术产业发展的基本规律，最后构建了包含技术、市场、组织和制度的四维模型。

　　第二章论述了原创性高新技术产业发展的技术机制，将原创性高新技术产业的技术发展分为技术初创、形成与竞争三个阶段，构建了由主导设计竞争、基础技术研发和技术链构建构成的产业发展的技术机制，并以此对 TD－SCDMA 产业进行案例分析，从而描述了以技术机制为导向的原创性高新技术产业发展的路径和模式。

　　第三章论述了原创性高新技术产业发展的市场机制，在构建激励机制、诱导机制和本地效应三者互动的产业发展的市场运行机制和模式的基础上，通过市场和技术互动的数理推导并以武汉邮科院

----

　　① 万钢：《优化科技资源配置　实施创新驱动发展战略》，人民日报，2014－08－13。

的转型为案例探索原创性高新技术产业发展市场导向机制的微观基础，从而描述了以市场机制为导向的原创性高新技术产业发展的路径和模式。

第四章论述了原创性高新技术产业发展的组织机制，以破解产业发展过程中遇到的组织障碍为研究对象，通过深入分析企业内组织、企业间组织和混合型组织三层组织机制，进而通过苹果的模块化组织创新、VLSI 的技术联盟和芬兰 ICT 创新集群等具体组织创新予以回应，从而从三个层面描述了以组织机制为构架的原创性高新技术产业发展路径和模式。

4　　　第五章论述了原创性高新技术产业发展的制度机制，在深入分析各学派关于制度对经济发展和产业发展作用机制的基础上，提出了制度在发展原创性高新技术产业的三大功能——引导功能、激励功能和协调功能，并以太阳能光伏产业和日本新能源汽车产业为案例进行制度分析，从而描述了制度在发展原创性高新技术产业的作用机制及其政策含义。

第六章根据前面五章关于原创性高新技术产业发展主要规律以及国际成功经验的归纳和总结，针对当前我国在原创性高新技术产业发展中存在的主要问题，从技术、市场、组织和制度系统性提出了相关对策建议。

全书由徐明华负责章节设计和统稿。具体分工：前言、第一章：徐明华；第二章：包海波；第三章：陈锦其；第四章：徐梦周；第五章：谢芳；第六章：徐明华。

第一章 原创性高新技术产业
特征及发展规律

目前，世界处于科技发展酝酿变革与突破的关键时期，因此发达国家非常重视通过科技创新来应对全球性的经济挑战，纷纷加大对基础研究的支持力度，在新能源、新材料、信息网络、生物医药、节能环保、低碳技术和绿色经济等战略性新兴产业领域投入巨资，抢占未来科技制高点，以期形成国际产业竞争新优势。原始性创新与原创性高新技术产业发展是新一轮科技创新与战略性新兴产业培育的基础与核心推动力，对发展中国家而言，追求高技术与新技术的协调、快速发展，是迅速赶超发达国家、实现现代化的一条明智而现实的发展道路。在这一背景下，对原创性高新技术产业发展规律的系统研究显得非常重要。

第一节 原创性高新技术产业的基本概念

产业是由许多生产具有相关产品或服务的一群厂商所组成的群体，是某种同类属性企业集合。以高技术为共同属性的企业集合则被称为高技术产业。所谓高技术是指技术的难度高，而新技术是相对于原有技术的新型技术形态，故高新技术的范围包括了难度高的技术和新颖的技术。对于高技术的界定源于美国，在1965年美国开始了对高技术产业的统计，OECD于1994年提出R&D总费用占总产值比重、直接R&D经费占产值比重和直接R&D占增加值比重称为高技术界定的三个主要指标。"高技术"的习惯称谓各国也不尽相同，如日本称"尖端技术"，加拿大称"战略技术"。而我国学者认为："高技术"是指建立在综合科学研究基础上，处于当代科学技术前沿，对发展生产力、促进社会文明、增强国防实力起先导作用的新技术群。故从"高技术"的定义来看，"高技术"应是一个相对的、动态的概念，不同时代的高技术内涵是不同的。而高新技术是高技术与新技术的合称。

然而，高技术指标的界定并没有统一高技术产业的范畴，其因在于高技术是一个动态的、历史的范畴。高技术产业的概念很难用严格科学的定义来进行界定，并且各国的具体情况存在较大的差异，这就使得高技术产业的内涵不尽相同。如美国商务部和日本通产省将高技术产业定义为满足以下条件之一的智力密集型行业：（1）研究开发经费占增加值 10% 以上的行业；（2）高科技人员占全部职工总数 10% 以上的行业。而在英国，高技术产业被定义为：一组包含信息技术、生物技术和许多处于科学和技术进步前沿的其他技术的产业群体。经济合作与发展组织（OECD）把高技术产业定义为，高技术产业是指研究开发（R&D）经费占总产值的比例远高于各产业平均水平的产业，并提出高技术产业所具有的五个特征：（1）重视研究与开发（R&D）工作；（2）对政府具有重要的战略意义；（3）产品与工艺老化快；（4）高资本投入、高风险大；（5）研究与开发成果的生产及其国际贸易具有高度的国际合作与竞争性。[①] 从 2000 年起，我国采用了 OECD 对高技术产业的定义并根据 OECD 的 2001 年的新产业分类法进行了行业调整。2002年，我国国家统计局颁布了《高技术产业统计分类目录的通知》，按 OECD 2001 年关于高技术产业的新分类统一了口径。目前，我

---

① OECD, 1994, Classification of High – Technology Products and Industries, Party No. 9 of the Industry Committee of Industrial Statistics ［C］. DSTI、EAS/IND、WP9（94）11, 9（September, 1994）.

国高技术产业主要包括航空航天器制造业，电子及通信设备制造业，电子计算机及办公设备制造业，医药制造业、医疗设备及仪器仪表制造业五大类行业，这五大类又可细分为十七个高技术产业部门。

显然，原创性高新技术产业与高新技术产业密切相关。当然，与原创性高新技术产业密切相关的还有技术原创产业。技术原创产业是全球最具前导性和领先性的产业。基于上述分析，我们认为，原创性高新技术产业，是那些在全球范围内还没有出现的，需要通过"原创"发展起来的高新技术产业。

第二节 原创性高新技术产业的基本特征

原创性高新技术产业一方面有高技术产业的一般特征；另一方面，因为是"原创性"的，自然也形成了原创性高新技术产业所特有的一些性质。

一 产业技术的原创性

高新技术产业的技术复杂度高，同类原创技术之间还表现出激烈的竞争态势。此外，该产业的时间效益特别突出，原创性的优势能否凸显需要与时间相互匹配，更需要创新要素的投入和组合。具体表现如下。

超前性。从时间、空间角度来看，原创性高新技术在这一时期或在这个地区是前沿科技，原创性高新技术产业对该地区的经济发展起"火车头"的作用。

强创新性。发展高新技术的基本原理是建立在最新科学技术基础上，创新性极强，要通过代价高昂的研究与发展的投入，支持知识的开拓与积累，不断进行技术创新。

高智力性。高新技术产业是知识、技术、资金密集的产业。推进其发展，主要依靠人才和智力，其次才是资金。一般认为，高新技术产业研究与开发所需科技人员数量为传统产业的 5 倍。

二 产业培育的不确定性

不确定性是现代统计学研究的核心概念，描述了人类对未知世界探索过程中不能绝对把握结果的状态。与这种高风险性相伴随的是高新技术产业的高收益高回报率。发展原创性高新技术产业，就必须得承担、应对这种不确定性。目前，"不确定性"概念已广泛应用于社会与经济领域，如美国前财政部长罗伯特·鲁宾著有《在不确定的世界》一书即是代表。"不确定性"是高新技术产业"原创"过程中贯穿始终的属性。

技术创新不确定性。在原创性高新技术产业的产生初期，不确定性主要集中在技术方面。这种不确定性包含技术路线、研发成败和研发周期等技术可行性层面，还包含研发投入回报、技术产权保护和研发时效等经济可行方面。

市场需求的不确定性。进入市场的过程中也存在着不确定性，包括成果产业化的不确定性、市场需求弹性的不确定性、市场门槛的不确定性、市场竞争强度的不确定性等。

产业发展的不确定性。在实际当中，由于技术路线本身的复杂多样和市场的千变万化，这些不确定性大部分是无法预料和难以规避的。而且产业的原创性越强，这种不确定性也就越高。据统计，即使在高新技术发达的美国，高新技术开发成功率也只有15%—20%，60%以上的高新技术企业受挫，约有不到20%的高新技术企业完全破产。

三 产业发展的高成长性

原创性高新技术产业在成长过程中要能够代表新技术发展的方向，在产业内能够形成紧密技术关联的部门整体，并在相当长的时间内保持强劲的技术竞争力。

高效益。原创性高新技术产业在成长过程中具有长期的经济效益，这种经济效益是指随着产业规模的扩大，规模经济不断显现，产业的长期平均费用曲线向下倾斜。产业经过一段时间保护和扶植后，产业竞争力不断增强，最终成长为具有国际产业竞争优势的产业。

高速增长。该产业具有巨大的市场潜力和市场开拓能力，并能够有效地吸收创新成果，满足大幅增长的市场需求，从而在成长过程中获得较高的产业增长速度。

高带动性。原创性高新技术产业在区域经济发展中具有较高的产业地位，即原创性高新技术产业的成长对区域经济增长的贡献率要达到较高水平，这要求原创性高新技术产业要具有比其他产业较强的产业关联效应，能有效带动其他相关产业的发展。要求原创性高新技术产业产出高效增加的同时，还要带动其他产业共同创造就业机会、提高社会消费水平、改善贸易条件和提升产业高度，增强区域的总体经济实力。

第三节　原创性高新技术产业发展的基本规律

如何揭开高新技术产业这一黑箱，引起了诸多学者的关注，也形成了相对系统的理论研究脉络。对这些理论的归纳和梳理，对于揭示原创性高新技术产业的基本规律是很有必要的。

一　原创性高新技术产业发展阶段与过程

为了充分理解和识别原创性高新技术产业发展机制，对其产业化过程的分析是必要的。理论界虽然没有针对原创性高新技术产业发展进行分析，但有一些相关研究，其主要的观点有以下几种。

两阶段论。陈永忠牵头的国家社科基金资助的高新技术商品化、产业化和国际化研究项目将技术产业化过程划分为商品化和产业化两个阶段。其中商品化阶段是指通过科学研究和技术开发，使高新技术成果具有实用性和商品性，成为高新技术商品的过程。它包括基础研究、应用研究、开发研究、生产、营销、消费六项职能活动，及与之相应的各职能间的五项转化内容，这五项转化内容可以划分为从研究成果到产品（包括技术开发、中试、生产准备和试生产三个环节），以及从产品到商品两个大的转化过程。高新技术产业化是指通过生产开发和经营管理，使高新技术商品实现规模生产，从而形成高新技术产业的过程。它包括企业生产、产业扩大和产业渗透三个环节。企业生产是指高新技术产品在单个企业生产，形成一定的生产规模并获得相应的规模经济效益；产业扩大是指高新技术产品的生产从一个企业扩大到多个企业，从而形成某一高新技术产业。产业渗透是指高新技术产品或工艺渗透到其他产业，实现大面积推广应用①。

6

三阶段论。我国学者眭振南和王贞萍（1998）② 在进行科研成果转化评估研究时将三个阶段分别命名为实验室阶段、产品化阶段和商品化阶段，并将系统研究而来的各阶段之间的关系和各阶段产生的结果表示出来。陈通和田红波（2002）③ 结合我国高新技术产业化的特点，将技术产业化过程分解为技术转移、技术再创新和技术扩散三个阶段。他们认为，高新技术的企业化包括技术与企业家的结合和技术与企业 R&D 的结合两个方面，产生出新产品的概念。在此基础上，技术进一步与企业的 R&D 结合，由企业研制出产品，为高新技术找到适宜的物质载体，完成高新技术产业化的物化过程。高新技术的企业化过程是技术的转移过程，是技术社会化过程的第一步：其主体由科学家变为企业家和企业的 R&D 人员，由科研机构转移至企业；技术融入了新产品概念。高新技术的市场化是指在一定的市场环境和制度下，以市场为导向进行市场化生产，是高新技术的再创新。在这一过程中，技术与市场紧密地联系在一起。企业与市场的结合也是技术与市场的结合。高新技术的产业化

---

① 陈永忠：《高新技术商品化、产业化、国际化》，人民出版社 1997 年版。

② 眭振南、王贞萍：《科研成果转化评估》，上海财经大学出版社 1998 年版。

③ 陈通、田红波：《高新技术的企业化、市场化和产业化深化——高新技术产业化路径的实证研究》，科技管理研究，2002（3）。

深化是实现技术价值的最后阶段，是科技、社会、企业、政策、市场等各方面的资源的整合的过程。要求在企业化和市场化的基础上，生产资源、市场资源和社会资源以科技资源为核心重新配置。产业化运作的过程是技术向社会扩散的过程。虽然以上各位学者对技术商业化和产业化的三个阶段的命名各有不同，但它们的实质和内涵却是基本一致的。

四阶段论。赵旭（2004）[①] 指出技术产业化是一个纵向发展过程，从最初的构想开始到形成产业，一般要经过四个阶段：即理论研究及试验、雏形开发、试点生产和产业化（规模化生产）。具体来讲：（1）试验与发明创造。即从理论创新或生产实践问题出发，提出新成果并通过大量试验形成发明创造或专利技术；（2）产品雏形与中试。实验室的技术和成果变成商品必须经过不同适应环境、工艺条件的大量中试，且要考虑实际生产过程要求。这一阶段的中试结果几乎决定产品的产业化发展前途；（3）试点生产与进入市场。中试效果良好并认定有较好市场前景的产品可考虑新建、改建或扩建生产线，并以企业的形式进军市场，初步形成试点生产能力。另外着手制定市场需求预测、建立销售网络方面的准备工作；（4）大规模营销产业化。包括完善的市场营销网络建设和包装、运输、生产过程管理的体系化、品牌的建立等。

五阶段论。黄鲁成等人（2007）[②] 在进行创业投资评估研究时将技术商业化过程划分成五个阶段。（1）概念阶段：此时技术产业化的对象仅仅是技术产品的构想，尚未形成产品原型。（2）初始阶段：此时已经完成产品的原型设计和产业化项目的经营计划，但产品尚未上市。（3）成长阶段：此时初期产品已完成上市，有一定的市场基础、已经达到盈亏平衡点或有盈利、有稳定的营销渠

①　赵旭：《关于新技术商业化关键影响因素的实证研究》，清华大学，2004 年。

②　黄鲁成、王吉武、卢文光：《基于 ANP 的新技术产业化潜力评价研究》，科学学与科学技术管理，2007（4）。

7

道，达到计划中的目标，但有待进一步开发更具竞争力的产品，并进行较大规模的市场营销来扩大市场占有率。（4）扩张阶段：此时技术产业化的产品已经有相当的市场占有率，获得相当程度的投资回报，产品线已经具备相当的规模，处于行业中较为重要的位置。（5）成熟阶段：此时技术产业化项目的经营状况达到技术产业化的初衷，技术也进入其成熟期。

二 影响产业发展的因素分析

对技术产业化的分析过去多局限于从技术和经济学的角度分别进行分析。然而，在现实的市场经济中，采用技术因素和市场因素及其耦合作用推动产业发展是诸多普遍的做法。然而，仅限于技术与经济学方面，是不够的，必须结合技术因素、市场因素、组织因素和制度因素进行综合分析。技术要素构成产业技术创新的内容，市场因素是产业发展的目标，制度因素是产业发展的环境保障，而组织因素作为一种中间性的协调机制能有效降低产业发展的交易成本，发挥需求方和供给方的规模效应等作用。

单因素。阿伯纳什（Abernathy）和厄特拜克（Utterback）[1] 认为，技术到产业的发展经过三个发展阶段。第一阶段：流动期（Fluid Stage）。其特征是产品引入的适宜性和多样性；第二阶段：过渡期（Transitional Stage）。具有中间过渡的特征，主要是通过增加更成功的产品变量集中于市场（市场集中），也通过产生新兴的工艺创新，使产品的生产产量更大，价格更便宜；第三阶段：特定期（Specific Stage）。此时，企业已完全成熟，并获得了在主要产品和技术市场上领先的地位，并且具备了规模经济所需要的大量工艺。曼斯菲尔德（Mansfield）[2] 应用时间—成本函数以强调完成某

---

① Abernathy and J. M. Utterback. Patterns of Industrial Innovation ［J］. MIT Technology Review, 1975：80 (6 – 7).

② Mansfield. The speed and cost of industrial innovation in Japan and the United States：External vs. Internal technology ［M］. Management Science 34, 10 (October, 1988).

一创新所需要的成本和时间。按照一维理论，人们对技术创新过程的认识集中于在技术创新从流动期开始向过渡期和特定期发展过程中所获得的技术改进，这种发展表现为 S - 曲线。福斯特（Foster）把 S - 曲线定义为：是对通过改进获得的收益相对于为获得这个收益而花费的（资源）大小的一个几何表示。一维理论只反映了随时间变化的技术创新在技术方面的进步。通常集中于某一个方面，甚至是产品/工艺的进展。

两因素。一个复杂的技术创新管理的过程不能用一个简单的时间序列来充分加以描述。而一项创新的重要性也不能简单地由销售成果来充分地进行评价。为此，阿伯纳什（Abernathy）等人扩展了一维理论，提出：技术变化最重要的方面是它对生产系统和市场相关的影响[1]。摩瑞尔蒂（Moriarty）和科斯尼克（Kosnik）[2] 更关心市场对技术创新的动态影响。他们分析了一些与高技术创新有关的市场不确定性的来源。显然，二维理论把市场和技术因素作为相等的方面，提供了一个比一维理论更全面的表达方式。

三因素。美国学者达格福斯（Abdelkader Daghfous）和怀特（George R. White）提出了技术创新的三维空间理论。他们把对信息的提炼作为描述技术创新过程的第三个维度[3]。而我国学者杨武和段科锋（2005）[4] 认为，创新信息是创新过程技术、市场等的综合反映，但是信息本身不是技术创新的本质特征。他们认为，增加产权特征能够更好地描述技术创新内部因果关系和外部动态特征，提出由技术、市场和制度（产权）新 TMR 三维模型。在企业的创新竞争中，发达国家的企业体会到：企业技术创新的竞争体现在市

9

---

① Abernathy, K. B. Clark and A. M. Kantrow. Industrial Renaissance：Producing a Competitive Future for America ［M］. Basic Books, New York, 1984.

② Moriarty and T. J. Kosnik. High - tech Marketing ：Concepts, Continuity, and Change ［J］. Sloan Management Review, 1989（2）.

③ Abdelkader Daghfous and George R. White. Information and Innovation ［J］. Research Policy 23（1994）.

④ 杨武、段科锋：《技术创新 TMR 三维理论》，科研管理，2005（5）。

场上，市场上的竞争体现在产品上、产品的竞争体现在技术上、而技术的竞争体现在创新产权保护上，技术创新的整个过程表现为获得技术创新的产权而进行的竞争。

三 产业发展的内在动力机制

近代及现代经济增长大都可以归因于同科学技术发展相联系的种种技术创新活动的开展与实现。经济学家在对经济周期进行研究的过程中发现经济周期与重大技术创新有相当密切的关系，产生了熊彼特"创造性毁灭"理论，在此基础上的"内生增长理论"进一步发现长期经济增长率是由原创性高新技术的不断产生所决定的。几次科技革命催生了原创性高新技术推动形成主导产业的产业革命。事实上，从产业发展的主导因素来看，主要是以技术、市场、组织和制度的创新来推动的，从而分别形成了各自主导的产业发展路径和类别。具体而言，可以界定为技术推动主导型、组织协调主导型、市场拉动主导型和制度创新主导型四个细分产业。

技术推动主导型产业是指某种具有革命性新技术在全球率先研发成功和应用，而直接催生了一种全新的产业领域。其路径是，由某项重大技术创新发展为新产品并培育出新的产业链，甚至开拓出一个新的产业细分领域，这是自20世纪以信息技术为代表的新技术革命发生以来，就不断地大量发生的现象。例如：物联网与下一代互联网（IPv6）技术、第三代移动通信技术、航空航天技术等。

组织协调主导型产业是指在全球创造和实践一种产业组织模式而直接催生的产业。比较典型模式是通过价值链分解与产业融合发展产生的。产业价值链分解的实质就是产业高端领域和低端领域不断出现专业分化的过程，产业在发展的过程中不断分解出研发、增值服务等高附加值环节催生出新产业。而产业融合是以产业分解为基础，产生于为满足新的市场需求而出现的不同产业内容在同一产品上的重新组合，从而激发新产业的诞生。例如：电子交易、商旅管理、在线教育、第三方支付等。

市场拉动主导型产业是指受文化、观念、社会习惯变动影响，在全球率先产生、发展并占领某一新的市场需求（或细分市场）而直接催生的产业技术的发展，最终形成新的产业。随着我国经济的快速增长，国内经济增长方式的转变，城乡居民收入的稳步提高，内需市场将不断扩大，将加快我国的消费结构升级，由此将会产生新的产业。目前，人类生产生活方式也在寻求根本性的突破和改变。这种根本性的改变从传统的单纯追求效率的提高和生活舒适度，转向追求人类生产生活的可持续性。人类的这种追求，促使在新的科学发现不断涌现，新的产品、技术不断产生，也不断诞生了新兴产业。例如：可再生能源、核能、智能电网、新能源汽车、碳排放权交易、合同能源管理（EPC）等。

制度创新主导型产业是指由于市场化、产权保护以及创新激励等体制机制的创新和完善，从而形成了一个完整的创新生态环境，成为产业发展的制度高低，在全球或部分区域率先发展的新兴产业。硅谷作为一个典型的创新"栖息地"，其背后的机制体制创新是全世界试图发展原创性高新技术产业集群学习的榜样。硅谷的机制体制创新主要表现在：创业和系列创业是产业原创机制的灵魂；"创业者有其股"是产业原创的最佳激励；开放式的创新型大学是产业原创的技术源头；风险投资是助推产业原创的现代金融工具；链接世界的能力是产业原创辐射能力的重要来源；在区域内形成的从创业到创新型经济的良性循环。

第四节　原创性高新技术产业发展的四维模型

原创性高新技术产业发展具有技术的原创性与复杂性、市场的新兴性与风险性、组织的多元化与协同性、制度的全面性与综合性等特点，原创性高新技术产业的发展与培育是一个系统工程，涉及技术、市场、组织和制度等因素的协同演化。本项目从技术、市场、组织和制度四个因素的理论分析入手，提出加快原创性高新技术产业发展的四维模型，并对各因素的作用机制以及它们之间协同机制进行理论和案例分析。

一 原创性高新技术产业发展的主要因素及模型构建

1998 年，时任美国众议院科学委员会副委员长的弗农·埃勒斯（Vernon Ehlers）指出，在美国联邦政府重点资助的基础研究与市场需求之间存在断裂层，并形象地比喻为"死亡之谷"（Valley of Death）。事实上，我国原创性高新技术产业发展滞后的主要原因也是常常被提及的技术不能转化为现实生产力的"两张皮"现象。以往的诸多研究也正是为破解"死亡之谷"而开展的，很自然的，从技术因素和市场因素成为分析的主要指标。然而，随着对产业案例的深入分析，其他影响因素逐步纳入到原创性高新技术产业发展的分析框架中来，现实的产业政策初步从产学研合作发展到"产学研政资介金"更多经济主要之间的合作。

从学术文献上看，多因素的研究框架也为诸多学者所采用，如杨武和吴海燕（2009）① 从制造业技术标准竞争力的角度提出了由技术、市场和规制力组成的 TMR 模型，柳卸林和程鹏（2012）② 提出了由技术、制度、市场和企业组成的战略性新兴产业发展"四维论"，Malerba（2002）③ 提出了主要由知识和学习过程、技术供给与需求、企业和非企业组织之间的相互作用以及制度四个要素构成的产业创新体系理论，中国科技发展战略研究小组（2011）④ 认为战略性新兴产业的发展由创新、需求、政府、产业

① 杨武、吴海燕：《制造业技术标准竞争力 TMR 三维理论模型研究》，科技管理研究，2009（10）。

② 柳卸林、程鹏：《中国科技发展研究报告 2011：全球视野中的战略性新兴产业发展》，科学出版社 2012 年版。

③ Franco Malerba. Sectoral Systems of Innovation and Production [J]. Research Policy, 2002, 31 (2).

④ 中国科技发展战略研究小组：《中国科技发展研究报告 2011——战略性新兴产业研究》，科学出版社 2011 年版。

12

体系、创新模式和产业组织等多因素影响的结果。

应该说，多因素的分析方法更能细化对原创性高新技术产业发展规律的揭示，当然，若能抽离出关键的几个因素来揭示规律，那么分析框架更具有可操作性和普适性。正是基于这样的考虑，我们从三个标准进行因素的探索：一是原创性高新技术产业发展的相关主体及其运行机制的角度，从技术产业化过程中，主体主要包含技术及其产品的供给方和需求方，中介等第三方组织以及政策及其政策制定者；二是相关学者的分析框架中抽离因素，显然技术和市场是两个基本的因素，而"规制力"、"制度"和"政府"等不同的表述的核心应该是相似的，都可以归纳为广义的制度，同样组织因素不同的学者可能因素关注点不同而使用了"企业和非企业组织之间的相互作用"和"产业组织"等表述方式，如果组织来归纳这样的表述也不会引起很大的歧义，而其他"创新"、"知识和学习"等可以纳入技术、市场、组织和制度四个维度的相应范畴；三是来源于课题组调研过程中的体会和抽样，通过与企业家、政府官员和行业协会工作人员交流，技术、市场、组织和制度四个要素被认为是原创性高新技术产业发展的主要因素。基于上述几个因素，我们认为技术、市场、组织和制度四个因素是原创性高新技术产业的运作规程和参与者在其中的行为规范。

基于上述分析，我们进一步梳理了技术、市场、组织和制度四个因素对原创性高新技术产业发展的作用机理以及它们之间的关系，提出了原创性高新技术产业发展的四维模型，如图 1-1。

二　技术因素

原创性高新技术产业发展的本质是原创性高新技术的创新及其产业化。原创性高新技术产业发展的技术机制是指由以原始创新或原创技术为基础的原始性技术链及相关技术标准体系的形成与完善机制。由于原创性高新技术具有科技含量高、产业引导性强、增长潜力大等特点，往往原创性高新技术研发的突破会带来新技术一经

13

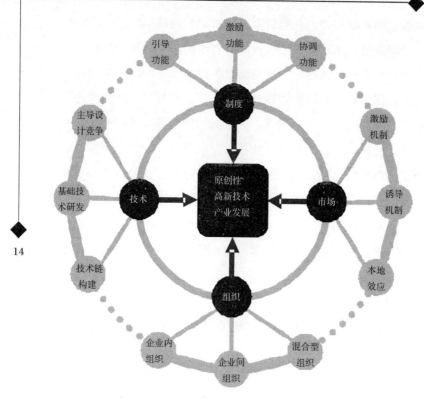

图 1 - 1 原创性高新技术产业发展的四维模型

济范式和技术群的出现，促进市场潜力巨大的新产业部门的发展，形成新的商业模式与新的产业组织方式，并拉动经济的持续增长。在原创性高新技术产业发展中，技术发展具有产业带动功能、核心竞争功能、产业模式主导功能。

根据原创性高新技术产业的技术发展规律，原创性高新技术产业的技术发展可分为技术初创、形成与竞争三个阶段，在不同阶段中技术发展机制的特点与规律有所不同。首先，在技术初创阶段，基础技术研发是关键环节。在原创性高新技术产业发展初期，基础研究与基础技术研发决定了原创性高新技术的基础技术架构与发展路径。由于基础研究与基础技术研发具有原创性、复杂性、风险性，因此基础技术研发活动受到研究平台、知识创新与技术进步、研发条件要素、研发需求等方面因素的影响，对相关支撑性组织与制度政策提出较高要求。其次，技术形成阶段的中心环节是技术链和技术标准体系形成与完善。在静态结构上，原创性高新技术产业技术链具有较为复杂的结构体系；从动态过程角度来看，产业技术标准体系的形成与完善来自技术链与产业链的融合互动。最后，主导设计竞争是技术竞争阶段的核心，是原创性高新技术产业发展走向成熟的分水岭，产业发展动力机制开始从技术驱动转向市场拉动，技术标准竞争的成败直接决定市场控制的话语权。

三 市场因素

原创性高新技术产业在 21 世纪将是各国展开竞争的一个重要领域，与其他产业对比，原创性高新技术产业更为需要一个准确的市场定位。原创性高新技术成果是否能转化及产业化，最终的决定权是在消费者的选择。符合消费者需求的商品才能占领市场份额，才能获取利润，实现其最终价值。消费者的购买引导资金回流，保证了社会再生产的运行；消费者新的需求信息，又诱使下一轮高新技术成果的转化。所以原创性高新技术产业的最终目标，必然是要获得市场和消费者的认可和接纳，进而获取经济效益，因而市场因素对于原创性高新技术产业往往具有决定性的作用。

从本质上而言，市场运行机制是通过市场价格的波动、市场主体之间的利益竞争、市场供求关系的变化来调节经济运行的机制。一般意义上的运行机制主要包括供求机制、价格机制、竞争机制和风险机制。原创性高新技术产业发展过程中，市场的作用深入到技术研发到产业化的各个阶段，大体上可以归纳为三个机制，即激励机制、诱导机制和本地效应：一是激励机制。市场是实现产品和服务关系发生交易的场所，是一种实施费用低、效率高的激励制度，因为市场的最大功能在于自发地培育创新，即市场过程是一个对技术创新进行自组织的过程。二是诱导机制。技术产业化的目的和经济实现都以市场需求为准绳，尤其在买方市场条件下的技术创新，应理解为以企业为积极发挥市场模式和商业模式的创新，以市场为导向、运用先进的科技成果进行的技术开发，并且使之能够商品化的一个动态过程。三是本地效应。正如波特所言，国内需求条件是产业发展的动力，本土的预期型需求可能催生产业的国家竞争力，而市场规模和成长模式则有强化竞争力的效果，当产业科技发生重大改革，快速的内需成长更显其重要性。

四　组织因素

所谓组织，是事物组成的形式以及各组成形式间的关系。技术创新和市场需求推进是一个涉及多部门的过程，从组织的角度来看，要想使一项技术创新更有效率，更早实现商业化，需要适宜的组织体系，产业组织则是保障产业要素配置实现的载体，不同产业组织模式反映了产业内不同主体在价值链的不同位置以及对于资金、技术、市场、人才、服务等产业要素的不同需求。为满足特定需求，以企业为主导，包括政府、大学、科研院所、中介在内的各类产业主体不断进行产业组织的创新。原创性高新技术产业组织模式呈现企业内部组织扁平化、企业间组织模块化、多主体混合组织集群化、网络化特征。

依据主体类型可大致分为企业内组织、企业间组织、多主体混合型组织。企业内组织主要指企业内部的关系安排，是产业组织中最为微观的层面。企业间组织包含企业研发联盟、战略联盟、模块化以及产业链整合等企业主体之间的资源配置方式。多主体混合型组织以高新园区、大学科技园及产业集群为代表，包含企业、政府、大学、科研院所、中介等各类产业主体，是产业中最为宏观层面的组织形式。企业内组织是产业发展中技术创新和商业模式创新的基础单位，企业间组织是产业链形成与完善的关键，而以产业集群为代表的多主体混合组织则反映了整个产业的生态环境。其中，扁平化的企业组织架构促进了组织内学习，有利于企业技术创新。企业间组织模块化的设计能够有效提高产业技术的创新效率、降低创新风险、加快产业标准化，并促进产业生产体系简化。而产业集群则为原创性高新技术产业发展集聚了优质资源，并通过生产合作带动了技术产业化发展。

五　制度因素

制度作为基本要素之一，尽管处在要素结构的外围，但是它对原创性高新技术产业化的影响非常深远，突出表现为通过各种政策工具激发和放大其他要素的功能和作用。例如，政府运用财政补贴和税收优惠政策激励人才技术创新和企业投资产业化；建立健全风险投资体制，为高新技术产业化提供充足的资金来源；发展教育，为高新技术产业化提供人力资源和智力支持；完善高新技术产业开发区建设，为高新技术企业搭建生存平台和拓宽其发展空间，营造良好的载体等等。

制度的作用机制主要体现在以下三个方面：一是引导功能。通过政策的导向性规定，一方面引导技术创新，使之符合国家的科技战略和国民经济及社会发展的总目标；另一方面引导高新技术成果商品化、产业化。二是激励功能。政府通过制定和实施财政、税收、金融、信贷、人才等方面的优惠政策，营造良好的政策环境，激励、支持高新技术成果研究开发、商品化、产业化，加速知识创新、技术创新并转化为现实生产力，最终形成产业优势。三是协调功能。通过高新技术产业化政策的制定和实施，协调政府、企业、研究机构的行为和资源，建立国家创新体系，系统地推进国家技术创新和重大技术的转化；协调技术创新主体和技术转化主体相互关系，减少缺乏沟通而给高新技术产业化造成的信息障碍；协调高新技术产业与传统产业的关系，实现高新技术产业向传统产业渗透，逐步改造传统产业，达到优化产业结构的目的。

第二章 原创性高新技术产业
发展的技术机制

原创性技术是整个原创性高新技术产业发展的核心，具有科技含量高、产业引导性强、增长潜力大等特点。原创性技术研发的突破往往会带来新技术—经济范式的出现，促进市场潜力巨大的新产业部门的发展，形成新的商业模式与新的产业组织方式①，并拉动经济的持续增长。

第一节 原创性高新技术产业发展技术
机制的内涵与分析框架

原创性高新技术产业发展是高新技术发展成为高新技术产业培育基础与核心动力，两者之间的联系和转变过程是分析原创性高新技术产业发展技术机制的要义所在，有必要科学界定原创性高新技术产业发展技术机制的内涵，并通过构架合理的分析框架开展机制分析和实证研究。

一 原创性高新技术产业技术机制的内涵
原创性高新技术产业发展的技术机制是指由以原始创新或原创

---

① Malerba, F. Sectoral Systems of Innovation. Concepts, Issues and Analyses of Six Major Sectors in Europe [M] . Cambridge: Cambridge University Press. 2004.

技术为基础的原始性技术链及相关技术标准体系。原创性高新技术产业发展的技术机制有三个方面的含义。

首先，原创技术是原创性高新技术产业发展的技术源。原始性创新是指孕育着科学技术质的变化和发展的科技创新活动[①]。原始性创新活动包括通过科学实验和理论研究探索事物的观点、结构、运动及其相互作用规律，或者运用科学理论解决经济社会发展中关键的科学技术问题的过程，其成果是基础研究领域的重大突破、重大工程项目中的自主与核心设计、高技术领域内的根本性创新等。原始创新具有较强的难于预测性和较高的动态性等特点。从一般意义来讲，可以将原始创新看成是一种"问题的解决方案"，原始创新的作用机理是通过有效的方式来降低系统的复杂度，进而实现"问题的解决"。[②]

而原创技术是根据原始性创新的原理形成的全新产品与工艺。根据 OECD《研究与试验发展调查的推荐标准与规范》（《弗拉斯卡蒂手册》）的定义：原型，是指具有全新产品与全新工艺所有技术特征与技术性能的原始模型。而原创技术就是关于这一模型的系统知识。原创技术具有以下主要特征：（1）原创技术是 R&D 活动（特别是基础研究与应用基础研究活动）产生的技术；（2）原创技术是带来新的技术体系或技术群的技术；（3）原创技术是可以获得知识产权保护的技术；（4）原创技术是最有可能实现从技术垄断到市场竞争性垄断的技术；（5）关键领域前沿的原创技术是决定国家未来国际竞争优势的技术。[③] 原创性高新技术产业发展中，原创技术往往表现为基础技术或战略专利，是高新技术产业化的技

19

[①] "973"计划基础研究共性重大问题战略研究组：《提升原始型创新能力的一些建议》，中国基础科学，2004（2）。

[②] D. Mazursky, J. Goldenberg. Tenplates of Original Innovation：Projecting Original Incremental Innovation from Intrinsic Information ［J］. Technological Fdrecasting and Social Change. 1999，61（2）.

[③] 石林芬、胡翠平： 《原创技术的基本特征与研发要素》，科技管理研究，2007（10）。

术源。

其次，原创技术链是原创性高新技术产业发展成熟的整体技术框架。技术链首先是基于实现产品某项功能的一系列技术所组成的链条。[①] 在原创性高新技术产业发展中，一方面各种技术可能存在承接关系，即一种技术的获得和使用必须以另一种技术的获得和使用为前提，因此相关技术之间形成了一种链接关系。另一方面，产品之间存在上下游的链接关系，因此物化于上下游产品中的各种技术依据产品的链接关系形成了一种技术链。原创性高新技术产业的整体技术链结构分为科学理论、基础技术、应用技术和产品等四层体系。其中，基础技术是科学理论向应用技术转化的中心环节。

最后，技术标准体系是协调原创性高新技术产业技术链的技术规范。Blind 按照标准的经济影响，将标准分为接口标准、最低标准、简化标准、信息标准四大类，这四类标准共同构成标准体系。[②] 由于技术发展具有多样性，技术标准体系以其具有的"透明度、开放性、公平性、协商一致性"特征，对原创性高新技术产业技术链的发展进行规范与整合，成为推动原创性高新技术产业技术产业化应用的重要工具。技术标准体系包含多种技术标准，以相关知识产权关系整合为基础，成为促进技术链的形成与发展，也是产业链构成的技术规制线索。以专利联盟为基础的技术标准竞争已成为原创性高新技术产业竞争的焦点。

以物联网产业为例，物联网产业的纵向技术链结构分为基础技术、通用技术、应用技术和产品等四层体系。物联网的横向技术体系按照三层结构，即感知层—网络层—应用层进行划分，与此相对应的物联网技术链为感知与标识技术—网络传输技术—信息处理与服务技术—管理与支撑技术（见图 2 - 1）。以物联网产业的技术链

① 刘康、曾繁华：《企业技术创新与产业技术链整合》，科技进步与对策，2011 (6)。

② Blind, K. The Economics of Standard: Theory, Evidence, Policy ［M］. London: Edward Elgar, 2004.

与产业链结构特点为基础,物联网的标准体系由总体标准、感知层标准、网络层标准、应用层标准和共性关键技术标准组成。而每类大标准之下,又细分为数量不同的具体标准。

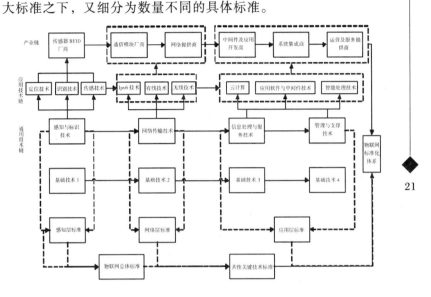

图 2-1 物联网产业的技术链与技术标准体系

二 原创性高新技术产业中技术机制的作用

第一,技术突破对新兴产业发展的带动作用。原创性高新技术的突破会带来新的技术群、产业部门、商业模式的出现,大大提高自然资源的利用水平,满足社会的重大发展需求,对经济社会全局和长远发展具有重大引领带动作用。如蒸汽机、汽车、化工、电力技术、计算机、生物工程、互联网等原创性高新技术的发展都提供了可以在大量实际领域应用的技术能力,带来了一系列新兴产业部门的崛起,原创性新技术和新产品不仅取代了原有的技术和产品,而且能够创造新的市场,使人类生产、生活、交往方式发生根本性的改变与提高,对人类经济社会产生深远影响。

第二,技术能力对产业核心竞争力的决定作用。原创性高新技术的突破可以突破产业发展的技术瓶颈,促进一个国家形成具有核心竞争优势的高新技术产业,形成国际竞争优势,大幅度提升国际产业竞争力和经济发展水平。由于原创性高新技术产业具有主导技术的不确定性和市场结构的高流动性，因此原创性高新技术的突破与相关产业的发展常常为产业领导者地位的确立和后发国家实现经济赶超提供重要的机会窗口。例如，在电子信息技术产业兴起的时候，美国重视相关基础性科学和技术研究的高水平投入，凭借其强大的基础研究能力实现了在集成电路、计算机、互联网等原创技术的不断突破，确立了其在电子信息产业的技术领先地位与国际产业竞争力。此外，原创性高新技术及其技术体系可以获得高水平的知识产权保护，对后来技术模仿与改进技术具有很强排他性。因此，在知识产权保护制度下，掌握原创性高新技术的国家与企业可以获得较为持久的国际竞争优势。

第三，技术发展路径对产业发展模式的主导作用。由于不同产业领域技术自身知识结构特点与发展规律的差异性，也对不同产业领域的产业发展模式、组织机制、制度需求产生直接影响。根据欧盟《欧洲产业体系：创新、竞争和增长》项目（ESSY）和 Malerba（2004）[1] 的产业实证研究，在制药和生物技术产业中，由于分子生物学的诞生导致了以分子基因和 DNA 技术为基础的新的学习机制，企业创新越来越依靠基础科学研究能力以及与科学机构的合作能力来进行研究开发，大型公司、小公司和新建生物技术公司通过合作网络进行广泛分工，而大学、风险资本和国家保健体制在创新过程中起着重要的作用，形成产业合作创新的发展模式。在化工产业，由于产业体系具有创新连续性的特点，产业技术创新是大型跨国企业通过研发、经济规模、先进性的积累和商业化能力而实现的，形成大企业主导的发展模式。电信产业中，由于各种不同的专业化和综合性机构的技术创新，形成了不同技术、需求和产业的相互融合，技术标准、产业政策对技术创新与组织结构及绩效产生了

---

① Malerba, F. Sectoral Systems of Innovation. Concepts, Issues and Analyses of Six Major Sectors in Europe, Cambridge：Cambridge University Press. 2004.

重要的影响。由于软件业具有高度分化并与应用环境相关的知识库，因此在发展综合性硬件和软件系统方面的大型计算机提供商的作用已经被一些专业化的软件公司所取代。用户和生产者的互动、全球和地方网络以及熟练人力资本的高流动性是产业技术与组织的发展趋势，大学在开放源代码领域的作用变得很重要，而知识产权、技术标准、标准制定联盟在技术创新、扩散和竞争中发挥着重大作用，因此形成了产业网络化发展的模式。

三 原创性高新技术产业技术机制的分析框架

为了明确原创性高新技术产业技术机制的主要特点，以下根据原创性高新技术产业的技术发展规律，将原创性高新技术产业的技术发展分为技术初创、形成与竞争三个阶段（见图2-2），对三个阶段中不同技术发展机制进行分析。

技术初创阶段　　　　　　技术形成阶段　　　　　　技术竞争阶段

图2-2 原创性高新技术产业的技术发展阶段与相关机制

第一，技术初创阶段的基础技术研发机制。原创性高新技术产业发展处于技术探索与产品概念设计的初期阶段，基础技术研发是这一阶段技术发展的重点。基础研究对科学原理的阐明，往往会带来基础技术研究的突破，促进了原创技术产品特征和技术实施方案的明确化，研制出具有全新产品与全新工艺所有技术特征与技术性能的原始模型（即原型）。

第二，技术形成阶段的技术链与技术标准体系形成机制。原创性高新技术产业发展进入技术链与产业链不断完善并且融合互动的阶段，技术链与技术标准体系构成原创性高新技术产业技术体系的基本框架。以技术链自身内在结构为基础，以产业内创新型企业积极介入为动力，以产业内知识产权治理为特点的技术标准体系逐渐形成,使原创性高新技术产业的技术发展进入规范化快速发展轨道。

第三,技术竞争阶段的主导设计竞争机制。原创性高新技术产业发展中,多个技术标准体系与相关优势企业围绕技术主导权展开竞争,主导设计及其技术标准的竞争是原创性高新技术产业化阶段产业博弈的关键。随着优胜主导设计的确定,主导设计及其技术标准的拥有者形成原创性高新技术产业的技术标准发言权和全球产业链控制权,原创性高新技术产业也开始快速产业化与形成全球产业网络。

24

第二节　原创性高新技术产业的技术发展机制

以下按照原创性高新技术产业技术发展机制的分析框架,结合原创性高新技术产业技术发展的不同阶段,从基础技术研发、技术链与技术标准体系构建、主导设计竞争三个方面对相关技术发展机制进行深入分析,并运用相关产业实例加以说明。

一　原创性高新技术产业发展的基础技术研发机制

以下主要分析基础研究与基础技术在原创性高新技术产业发展过程中的作用,分析基础技术研发活动的特点,并结合相关案例的综合归纳分析,明确基础技术研发的主要影响因素与支撑条件。

（一）基础技术是原创性高新技术产业初期技术研发的重点

基础研究往往是原创性高新技术产业技术研发的知识源。在基础研究发现的科学原理指导下,相关应用技术的研究会带来基础技术与基础技术体系的突破。一个完整的基础技术体系研发成功的标志就是根据科学技术知识与实际经验,研制出具有全新产品与全新工艺所有技术特征与技术性能的原始模型（即原型）,形成一个产业发展早期的完整原创技术。

原创性高新技术的基础技术体系发展往往表现为星状结构

（见图2-3），即一种基础技术处于中心节点，其应用领域可以向多个领域拓展，并形成多个分支节点，每个分支节点又有多个细分领域。某种技术在以星状向多个领域扩展时，往往意味着与拓展领域内原有技术的融合。同时，由于基础技术在原创性高新技术产业发展的重要作用，基础技术的专利称为产业基础专利、战略专利或必要专利，是原创性高新技术产业形成发展必不可缺的知识产权基础。

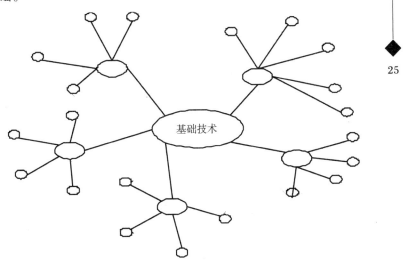

图2-3　以基础技术为核心的星状技术结构

（二）基础技术研发活动的特点

首先，具有高度的知识与技术复杂性。由于基础技术的原创性强，具有知识创新与技术创新复杂性高，涉及的多学科的知识与技术，是高度信息不确定的知识黑箱。原创性创新所需要的知识往往超越了单一学科的界限。例如，半导体的进展需要加工、材料科学、系统设计、光学和图像技术的密切协作。生物技术和医药技术的突破不但越来越需要生物学各领域的知识，也需要工程学和计算机科学的相关知识。

其次，研发时间与成本投入强度大。由于基础技术研发具有高度的知识与技术复杂性，需要进行持续不断的研究活动，因此基础技术研发周期比渐进改进性创新需要更长的时间。基础技术突破所涉及的技术是不熟悉的，而且也往往涉及整个工程工艺的发展。孕育、开发到完善一个突破性的基础技术发明周期往往要 2—3 年。①但同时，基础技术研发的成功突破又具有巨大的市场价值。

以生物制药产业为例（见图 2-4），一个成功上市的原创药是基于 5000—10000 个候选目标，经过层层筛选和临床验证，不断试错与淘汰得来，所以研发投入也达到"10 年、10 亿美元"的高强度水平。同时，一个成功的原创药价值巨大，如瑞辉公司的抗胆固醇药立普妥的年销售额曾经达到 130 亿美元。

26

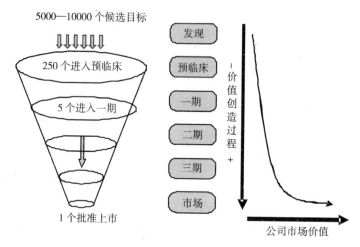

图 2-4 生物制药研发过程与价值链

最后，研究成果产业化困难。原始创新所需的科学知识来自于基础研究，主要由大学进行，而应用技术研究主要由企业的研究中心来完成。因此，大学基础研究与企业技术研究之间的地带就存在一个技术研究突破区（见图 2-5）。当大学的基础研究通过人才与技术交流在企业研发中得到有效利用时，常常会带来基础技术研究的突破。如在生物技术领域，美国和英国的大学发现了限制酶并开

---

① 马克·斯特菲克、巴巴拉·斯特菲克：《创新突围：美国著名企业的创新策略与案例》，知识产权出版社 2008 年版。

发了 DNA 的排序方法，此后工业实验室改进了排序方法，建立了 DNA 自动排序机。Cetus 公司发现了放大和复制 DNA 的聚合链式反应，实现了基因工程技术的重大突破。在产业技术创新的历史上，企业的工业实验室通过吸纳大学研究生的就业，引入新技术，并创造新产品。因此，企业实验室常常通过组建研究团队来解决产业难题，而成为技术研究突破区的中心环节。[①]

但与此同时，技术研究突破区的存在也使很多科技创新由于难以实现大学与企业的有效交流而不能实现产业化。在这种情况下，如何建立沟通突破区两端的大学基础研究与企业技术研究二者间的知识交流与技术合作的机制，就是非常重要的问题。因此，企业研究中心、产学研合作、技术创新联盟等成为基础技术研发活动中主要组织安排。

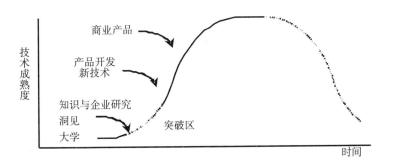

图 2-5 基础技术研发活动中的技术研究突破区

(三) 基础技术研发的主要影响因素与支撑条件

正是由于基础技术研发成功的影响因素众多，因此为了更深入了解原创性高新技术产业基础技术研发的规律与机制，以下结合国内外原创性高新技术产业的相关案例，从研究平台、知识创新与技术进步、研发条件要素、研发需求等方面对基础技术研发的主要影响因素与支撑条件进行分析。总的来看，基础技术研发的主要影响因素与支撑条件具有以下特点。

---

① 马克·斯特菲克，巴巴拉·斯特菲克：《创新突围：美国著名企业的创新策略与案例》，知识产权出版社 2008 年版。

表 2-1　基础技术研发的主要影响因素

基础技术	研究平台	知识创新与技术进步	研发条件要素	研发需求
美国晶体管	AT&T 贝尔基础研究部	基础原理阐明与技术构思	高水平团队、充裕经费、先进实验材料和实验设备	军事与市场需求
美国因特网	国防部高级研究计划局与大学合作	产品理念、支持技术、软件与网络协议	先进技术研究基金资助、高水平科研团队、高技术公司	军事与市场需求
德国合成氨	巴斯夫公司	化学原理、触媒材料试错与产业化工艺	高水平基础研究与技术团队、配套工业基础、企业战略投入与研发领袖	国家战略需求和本国市场需求
日本超大规模集成电路	企业技术研究联合体	高精度加工技术、硅结晶技术、技术设计、关键加工设备	共性基础技术合作创新、多团队竞争、政府与工业技术院的协调、政府战略性投入	国家战略需求和国际市场需求

28

第一，企业实验室与企业技术联盟是重要技术研究平台。从以上几个案例来看，原创性基础技术成功研发的技术研究平台以高技术企业的实验室以及企业技术创新联盟为主。现代高技术前沿的原始性创新突破多半产生于企业研究中心，如晶体管的发明、移动通信系统的开发产生于 AT&T 公司贝尔实验室，集成电路、动态随机存储器、数字光源处理器产生于得州仪器公司。IBM 研究中心创造了几代磁性存储技术和实用数据库。施乐 PARC 帕洛阿尔托研究中心创造了个人计算机、以太网和激光打印机。近 20 年来，在开放式创新模式下，企业合作创新网络体系在基础技术研发中的作用越来越重要。由于高技术企业对行业发展的市场需求把握能力很强，可以为原创性基础技术提供持续的研发投入和时间。尽管原创性基础技术研发难度大，但持续的技术试错是基础技术研发沉淀成本，是原创技术企业技术优势的重要组成部分。

第二，国家战略需求与市场需求是需求来源。从技术进步与社会需求的互动角度来看，原创性基础技术研发往往是为了实现国家战略需求、军事发展需要或者国内外市场需求。通常国家通过实施重大项目计划，进行原创基础技术的重点研发。从国际经验来看，发达国家基础研究在 R&D 经费中的比例一般在 15%—17%，对原始性创新研究起到了长期稳定的支持作用。在政府支持引导下，由企业针对原创性技术的基本原理、产品理念进行产品设计创新、工艺创新、产业化技术创新、设备创新，从而实现原创性基础技术发展所需的知识创新与技术进步，带来原创性基础技术的整体突破，创造出新的原创性市场。

第三，高水平投入与长期积累是研发成功的基础。在研发条件要素中，由于基础技术研发具有高知识、高投入、高风险等特点，因此高水平团队、政府战略政策与投入、产业基础、先进研究条件以及行业技术战略联盟等均是原创性基础技术研发不可或缺的基础条件。因此，原创性高新技术产业的基础技术研发具有战略价值，同时也需要长期人才与产业积累、高水平投入、不同领域创新主体的知识整合与技术合作，以提高研发水平与效率，实现原创性高新技术的整体突破。

第四，基础研究设施水平与基础研究能力是重要条件保障。重大科技基础设施，特别是多学科实验装置对原创性基础技术研发具有重要作用，并促进了研究支撑能力的集成和学科交叉。具有良好学术传统的现代实验室是产生原始性创新的沃土。在发达国家，逐渐形成许多依托大科学装置或大科学装置群的大型、综合性科学研究中心。这些科学中心的形态各异，有的是一个独立研究机构，如美国能源部的数个大型国家实验室、日本的理化研究所和高能加速器研究机构、德国同步加速器研究所、英国卢瑟福实验室、瑞士保罗谢尔研究所等。也有的是不同研究机构大科学装置的不断积聚，并带来许多其他研究机构的积聚而形成的科学中心，如法国格林诺博科学园、日本播磨科学园区等。这些研究中心已经成为原始创新

29

与基础技术研发的重要力量，大大促进了学科交叉、新兴和边缘学科的发展以及重大新技术突破。

二 原创性高新技术产业的技术链与技术标准体系运行机制

原创性高新技术产业的技术体系呈现技术链的结构特点和技术标准体系的制度化特征。以下一方面从静态结构方面分析原创性高新技术产业技术链的结构体系；另一方面从动态过程角度分析技术链与产业链如何通过融合互动促进产业技术标准体系的形成与完善。

30

（一）原创性高新技术产业技术链的结构体系

技术链是原创性高新技术产业技术体系的基本框架。以往很多学者从不同角度研究产品或产业技术时，都运用了技术链的思想。如 Prencipe 将与产品有关的知识分为元素知识、架构知识和系统知识三类①。张宗臣和苏敬勤提出的技术平台概念也是一种技术链的表述，技术平台由核心技术、中间技术和基础技术三个梯级的技术构成②。

技术链具有纵横两个方向的结构体系。按照纵向技术进化方向，原创性高新技术产业的整体技术链结构分为科学理论、基础技术、应用技术和产品四层体系（见图 2-6）。其中，基础技术是科学理论向应用技术转化的中心环节。技术标准是协调技术链中基础技术与应用技术的技术规范。在原创性高新技术的技术标准体系中，基础技术的专利又称为战略专利或必要专利，是原创性高新技术产业形成发展必不可缺的技术基础。从横向结构来看，原创性高新技术产业的技术链又形成相互联系的上下游技术环节。

以太阳能光伏产业为例，太阳能光伏产业在产品层次的横向技

---

① Prencipe A. Technological Competencies and Product's Evolutionary Dynamics: A Case Study From the Aero-engine Industry, Research Policy, 1997 (8).

② 张宗臣、苏敬勤：《技术平台及其在企业核心能力理论中的地位》，科研管理，2001 (6)。

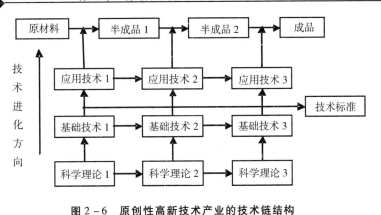

图 2－6 原创性高新技术产业的技术链结构

术链结构包括多晶硅料、硅碇（棒）、晶硅电池、晶硅组件、发电系统等技术环节（见图 2－7）。

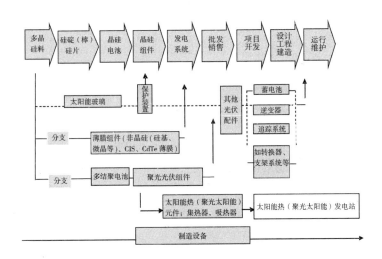

图 2－7 太阳能光伏产业的技术链

（二）基于技术链与产业链融合的产业技术标准体系

首先，单纯从结构上看，技术链和产业链之间具有结构相似性。一方面，技术链具有纵横结合的结构体系。技术链结构体系发展的两个延伸方向：（1）纵向结构体系：从基础技术向应用技术的延伸，并且主应用技术可以分化为两种以上的子应用技术；（2）横向结构体系：具有前后联系的应用技术延伸，核心应用技术的连接形成了通用技术链，子技术的模块化连接形成应用技术链（见图 2-8）。另一方面，在应用技术链层面，产业链与技术链相对应，产业链由具有前后相联系的不同类型企业节点组成，因此技术链结构决定了产业链的基本结构。

其次，技术标准体系的形成与完善来自技术链与产业链的融合互动。技术标准体系形成是一个动态过程。一方面，随着技术不断完善，企业创新能力提升，技术链与产业链相互影响。技术链完善程度决定产业链的成熟度，技术特征决定产业链节点特征及其在整条产业链上的地位，技术链前后顺序决定产业链节点的排列。而产业链中节点企业技术与市场能力的增强会促进技术链某个环节的被替代和升级。另一方面，技术标准体系包含多种技术标准，促进模块化的产业分工方式。在技术链中（见图 2-8），基于基础技术 1 和相关应用技术 1 的技术体系形成技术标准 1，以此类推形成技术标准 2、技术标准 3 等，具有技术链互补性的技术标准 1、2、3 等的整合形成技术标准体系。在产业化过程中，技术标准体系的结构会形成产业合作界面，促进产业分工的模块化。

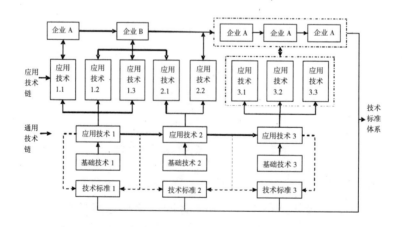

图 2-8 原创性高新技术产业的技术标准体系

最后，从整体上看，技术标准体系不仅是对技术链中技术关系的整合与规范，而且在本质上反映了产业链中创新型企业对技术链的知识产权治理与控制能力。产业链与技术链的关系本质上是知识产权关系。产业链作为创新与产业化的市场主体，对相关技术链拥有知识产权所属关系，其知识产权关系可分为（见图2-8）：一一对应关系（产业链某节点只对应于一种技术）、一对多关系（产业链某节点对应于多种技术）、无对应关系（公有技术）、多对多关系（多个产业链节点类型对应于多种技术，即合作创新或专利联盟）。

创新型企业特别是原始创新企业通过其较强的技术创新能力拥有对技术链重要环节的更强的知识产权支配能力，同时在技术标准体系中拥有更强的话语权，从而拥有较强产业核心竞争力。因此，技术标准体系的形成与运行本质上反映的是产业链中创新型企业对技术链的知识产权治理机制与控制能力。

三　原创性高新技术产业主导设计及其技术标准的竞争机制

原创性高新技术产业的技术机制的核心环节是主导设计。主导设计是指在不同的技术标准进行竞争中最后胜出并被广泛采用的设计标准。主导设计的确立意味产业主导技术标准的确立，使产业发展进入稳定的技术轨道，加快原创性高新技术的产业化，促进原创性高新技术产业发展。

在原创性高新技术产业发展中，作为大量竞争技术的胜出者，主导设计是一个产业发展从混沌走向稳定的分水岭，决定了获胜和失败技术及其发起企业的命运，同时也决定了围绕每项新技术的一系列互补性产品和服务行业的兴衰，可谓是"赢者通吃，输者出局"。因此，全球原创性高新技术产业竞争的实质是主导设计及其技术标准的竞争。

（一）主导设计在原创性高新技术产业发展中的作用

主导设计的形成是原创性高新技术产业中技术发展与产业发展成熟的关键环节。在主导设计的形成之前，解决技术发展的不确定性是产业发展的核心问题，技术推动是产业发展的主要动力。在主

33

导设计的形成之后，满足市场需求、扩大产业规模是产业发展的主要内容。根据主导设计的 A - U 模型，以主导设计为核心，原创性高新技术产业发展可以划分为三个阶段：变动阶段、过渡阶段、专业化阶段（见图 2 - 9）。

首先，变动阶段是主导设计形成前技术探索与技术推动的阶段。在这个阶段中原创性高新技术产业的技术和市场充满了创新的不确定性，产业中会产生多种产品类型，创新活动主要集中在产品创新，即在此技术基础上的产品和服务可能是不成熟的，或者是不可靠的，但可能在某种程度上适应市场的发展，这时技术性能进步缓慢，需要投入大量的人力物力资源不断地对其进行研究开发，对产品各种特性和结构参数进行试验，以适应市场的发展。在这个阶段，由于主导设计还未形成，产业发展存在技术赶超的机会窗口。

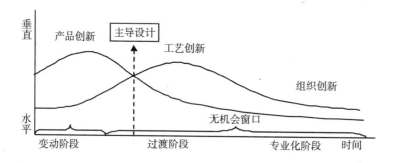

图 2 - 9　原创性高新技术产业的主导设计与机会窗口

其次，随着主导设计的逐步形成，市场拓展开始替代技术突破成为产业发展的主要动力，原创性高新技术产业进入过渡阶段与专业化阶段。在过渡阶段（即产业快速成长过渡期），原创性高新技术产业相关的市场上在该技术研究领域中会出现很多竞争性技术，随着市场和消费者接受程度不断加深和期望的一致，最终会出现一种主导设计。随着时间推移，竞争者会逐步减少，创新活动主要集中在工艺创新。企业为了提高效率和抢占市场份额，改进生产工艺或简化产品结构进行批量化生产，并且通过把这个阶段的创新技术进行技术标准化战略来对该项技术实施保护，以获取市场上最大化的利润。在专业化阶段，随着技术饱和的出现，S曲线趋向平坦。这个时期，企业通过标准化的生产流程制造产品，而且在生产过程中使用专有工艺设备，逐渐形成市场寡头垄断，整个行业趋向集中化。原创性高新技术产业发展进入规模化发展的阶段。

（二）主导设计形成与技术标准竞争机制

原创性高新技术产业发展中主导设计的形成包括战略专利研发的前期阶段、最终产品市场开发为重点的中期阶段和新技术标准体系争夺的后期阶段（见图2－10）。在原创性高新技术产业发展中，主导设计及其技术标准体系体现了原创性高新技术产业的技术链与产业链的融合互动关系，是拥有战略专利的主导企业借助技术标准体系，实现对产业技术体系的知识产权治理。

图2－10　原创性高新技术产业主导设计的发展阶段与知识产权机制

首先，基础技术研发与战略专利获取是原创性高新技术产业主导设计形成的基础。基础技术是原创性高新技术产业技术体系的核心。战略专利是指在以基础技术为核心，在产业技术体系发展中居于战略性地位、具有不可替代性的专利。在原创性高新技术产业技术标准中，战略专利也被称为必要专利。目前，发达国家各国正加大对原创性高新技术产业基础技术的研发投入，并开通低碳技术等战略专利申请的绿色通道，争取原创性高新技术产业主导设计的主动权。比如，美国每年投入到替代能源、电动汽车等产业的研发及知识产权保护费用达700多亿美元，日本将新能源研发和知识产权转化的年投入由原先的882亿日元增加到1156亿日元。

其次，以专利联盟为基础的技术标准体系形成是原创性高新技术产品趋于成熟的标志。为了保护创新产品能够取得先发优势和创新利润，最终产品厂商往往希望通过技术标准体系的形成和许可来实现创新利润的完全垄断。从技术层面上讲，技术标准体系中的各项技术标准，就是各项技术经认定后汇集成一个技术集合体，从而能达到制造新兴技术产品的目的。在目前国内外原创性高新技术产业中众多技术标准的实际运作中，专利联盟的组建是技术标准体系的基本组织形态（见表2-2）。专利联盟是两个或多个专利权人协议将其专利集中管理，对内达成互助联合，对外实现特定商业目的的组织。专利联盟的任务是挑选出标准体系需要的专利权，并有效开展内部交叉许可和对外许可等工作。在原创性高新技术产业发展中，专利联盟作为由于其一定的垄断性特征，可以控制相关行业技术标准与技术发展方向，从而获得一种长期的竞争优势。

36

表 2-2 　　　　　　　**专利联盟的知识产权组织结构**

专利联盟	符合专利联盟资格的公司总数	专利联盟的现有公司数	必要专利数	许可公司数
IEEE 1394	17	10	151	223
AVCH 264	45	25	1031	733
DVB-T	10	4	306	173
DVD-3C	14	4	1307	270
DVD-6C	14	9	1195	326
MPEG-2	59	25	850	1511
MPEG-4 Visual	71	29	910	632
MPEG-2 System	59	10	200	75
MPEG-4 System	71	8	67	53
WCDMA	34	12	954	245
IEEE 802.11	85	6	473	158
ATSC	36	8	92	118

最后，国际技术标准博弈的核心是基于技术与市场整合的主导设计竞争。在新技术标准体系发展的后期阶段，主要是多项新技术

标准为成为主导设计而进行的激烈竞争。由于主导设计促进了产品标准化，能够实现产品的规模经济性，移除技术扩散的重大障碍，因此代表了原创性高新技术产业发展进程中的一个里程碑。主导设计的竞争不仅是技术竞争，最重要的是通过知识产权竞争实现对市场的控制权。目前，发达国家和跨国公司特别是一些垄断企业通过国家标准战略、企业标准战略、国际标准组织和规则，将知识产权和标准体系相结合，形成原创性高新技术产业的技术标准发言权和全球产业链控制权，从而掌握国际产业竞争的制高点与主动权。例如，目前在电动汽车充电方式国际新标准的制定中，形成了美国通用、德国大众等8家汽车厂商的"联合充电系统"标准与日本汽车厂商的"直流快速充电"标准的竞争。因此，技术标准竞争是原创性高新技术产业发展中最重要的市场规则竞争。

第三节　原创性高新技术产业主导设计的形成机制

TD－SCDMA是我国第一个具有完全自主知识产权的国际通信标准，极大地提高了我国在移动通信领域的技术水平，是我国通信业整体性的重大突破。由于TD－SCDMA产业发展具有原始创新水平高、技术标准发展过程完整、产业链与技术链发展有序、产业政策较为系统，对分析原创性高新技术产业技术发展机制具有一定典型意义，因此以下结合对TD－SCDMA产业的案例分析，探讨原创性高新技术产业发展中技术发展的机制与主导设计过程。

TD－SCDMA产业主导设计形成过程大致可以分为三个阶段：基础技术研发、产业链与技术链的构建及融合、主导设计形成，以下针对不同阶段的技术链与产业链互动融合的主要特点，对原创性高新技术产业的主导设计形成机制进行分析。

一　基础技术研发阶段　（1995.11—2002.9）

在这个阶段，TD－SCDMA产业技术研发的重点是基础技术研发，并进行原创技术框架研发与构建，技术链开始初期的整合，而技术标准处于从学术标准向产业标准演进过程的起步阶段。

（一）原创技术框架研发与构建

1995 年 11 月，北京信威公司成立，致力于开发新一代包含诸多世界领先核心技术，如智能天线、同步码分多址、软件无线电和同步空口信令的新一代无线通信系统——SCDMA 技术。1997 年底，SCDMA 无线本地环路系统首开了商用试验网，演示了系统的性能优势。1998 年 6 月，电信科学技术研究院以 SCDMA 技术为基础引入 TDMA 技术形成 TD - SCDMA 标准，并将 TD - SCDMA 标准提交国际电联。

38

1998 年后，TD - SCDMA 技术取得了多项重大突破，2 × 155SDH 微波通信系统及试验工程、CDMA 交换机、8 × 2.5Gb/s 波分复用系统实验工程先后通过国家验收，为 TD - SCDMA 技术框架的建立奠定了基础。2000 年，TD - SCDMA 技术方案被国际电信联盟正式采纳成为第 3 代移动通信三大国际主流标准之一，标志着 TD - SCDMA 技术框架（主导技术范式）已经初步确立。

TD - SCDMA 的原创性关键技术与优势在于：TD - SCDMA 集成了频分（FDMA）、时分（TDMA）、码分（CDMA）和空分（SDMA）四种多址接入技术的优势，全面满足 ITU 提出的 IMT - 2000 要求，与 WCDMA、CDMA2000 并称为主流的 3G 技术标准。TD - SCDMA 的关键技术，如时分双工（TDD）、智能天线（SA）、联合检测（JD）、上行同步（ULSC）、动态信道分配（DCA）和接力切换（BHO），可使系统容量、性能有很大提升。此外，TD - SCDMA固有特点使其在支持 3G 应用方面也具有独特的优势。

与 WCDMA 和 CDMA 2000 相比，由于 TD - SCDMA 标准是 3G 技术中起步最晚的技术，所以在技术上吸收了其他 3G 技术以及互联网技术的长处，是 TDD 和 CDMA、TDMA 技术的完美结合，其中它所采用的智能天线、软件无线电、接力切换等关键技术代表着当今世界移动通信技术领域的最高水平，打破了欧美企业在这一领域的绝对控制权。TD‐SCDMA 技术体系的先进性和独立性以及它所承载的高速数据传输、位置精确定位、安全加密、信息导航等独特优势。

（二）技术链的初期整合

为了加快原创技术构架与技术体系的完善，原创技术的拥有者需要通过加强与具有不同技术优势的创新者的技术合作，来促进技术链整合，加快原创性技术的发展成熟。

1999 年，信威公司将 TD‐SCDMA 项目转入其母公司电信研究院的大唐集团。为加快核心技术产品的研发，以大唐集团为核心的相关技术链利益方建立产品研发联盟，进行 TD‐SCDMA 技术和系统的联合研发，实施长期研发规划。

表 2‐3　　　　　　　TD‐SCDMA 领域的技术合作情况

技术联盟成员	技术合作内容	时间
大唐、西门子	基础技术与技术标准	1999. 10
中国移动、电信联通、大唐、华为、Motorola、北电、西门子	成立 TD‐SCDMA 技术论坛，加强技术链整体研发。目前论坛已有 420 家成员	2000. 12
大唐、飞利浦	终端核心芯片的开发	2001. 9
诺基亚、TI、LG、CATT、Dbtel、普天	联合成立凯明公司，进行基础技术研发	2002. 1

（三）学术标准被认可

通过获得国际组织的认可，可以明确原创技术框架在产业发展中主导地位，为原创技术框架进一步发展提供较强的市场地位和制度保障。1997 年 7 月邮电部成立了由国内电信运营企业、政府和研究机构的专家构成的 3G 无线传输技术评估协调组。1998 年 1 月香山会议上，各高校和研究机构提出各自在 3G 技术研究方面的观点，其中包括邮电部电信科学技术研究院（后来的大唐电信）提出的基于 SCDMA 的 TD－SCDMA 技术。1998 年 6 月，电信科学技术研究院代表中国将 TD－SCDMA 标准提交国际电联。2000 年 5 月，被国际电联批准为第 3 代移动通信国际标准。2001 年 3 月 16 日，3GPP 正式接纳了由中国提出的 TD－SCDMA 第 3 代移动通信标准全部技术方案，标志着 TD－SCDMA 技术成为全球第 3 代移动通信网络建设的重要选择方案之一。

二 产业链与技术链的构建及融合（2002. 10—2003. 12）

在确定主要的技术框架后，原创技术要真正走向商用仍需要一系列的补充性技术以构建新技术体系。技术起源阶段的 TD－SCDMA技术标准只是一种移动数据无线传输方案，还需要智能天线技术、芯片技术、动态信道分配技术、相关测试技术等多个补充性技术才能让用户真正进行移动数据传输。完整技术链的研发是一个规模庞大的工程，需通过相应多元化的产业链完善来实现。

（一）产业链的构建与完善

TD－SCDMA 产业联盟（2002. 10）的成立是产业内各方加强合作、促进产业链完善的重要突破。大唐、南方高科、华立、华为、联想、中兴、中电赛龙、普天 8 家知名通信企业作为首批成员。TD－SCDMA 产业联盟的成立，提供了 TD－SCDMA 标准的组织基础，联盟的 8 个发起成员的角色也经过了认真的规划，涉及产业链上最重要的系统设备商（4 家），初期和其他两大标准差距最大的瓶颈环节的终端设备商（3 家），以及一家基础芯片厂商，从系统设备到终端的 TD－SCDMA 系统硬件产业链初具雏形。

2003 年 12 月，第二批 6 家成员：海信、凯明、天碁、重邮信科、展讯通信（5 家终端厂商）和海天天线加入联盟，形成了 TD－SCDMA更加完整、趋向商用的产业链。另外，也吸引了国内六大电信运营商的兴趣，积极参与测试。产业链从理论上的完整走向了实务上的可行。此外，大唐移动与 UT 斯达康、安捷伦、雷卡、意法半导体、飞利浦、三星等国内外知名厂商开展合作，建立合资公司，形成了 TD – SCDMA 产业中资本、技术、人员和市场资源领域的全方位合作格局。

如表 2 – 4 所示，在 TD – SCDMA 产业发展的不同阶段，随着产业链各方的逐渐加入，并加强相关技术的研发，使产业链与技术链不断趋于完善。

表 2 – 4　　　　各个阶段产业链与技术链发展状况

产业链节点	系统设备厂商	智能天线厂商	测试仪表厂商	芯片厂商	终端厂商	软件应用开发商	产业链覆盖度	技术链发展
阶段 1	●●						16.7%	技术层面的理论优势
阶段 2	●●●●●●	●		●●●●●●	●●●●		66.7%	通过测试，符合国际电联要求；手机—机站通话成功
阶段 3	●●●●●●●●	●	●	●●●	●●●●●●	●	100%	终端整体突破；具备大规模独立组网能力；商用网运行

41

（二）技术链发展与技术方向选择

产业链的技术合作研发、合资企业的成立以及明确的战略目标，使得 TD – SCDMA 标准技术研发、产业化进程方面取得了一系列重大突破，促进了基于 TD－SCDMA 技术链各个环节的突破和联合运作，包括手持终端通话成功，手机与机站通话成功以及国家宣布进行外场测试等技术进展，反映了产业链整体系统取得进展，实现了标准产品化和系统化。

2002 年 2 月举行的大型野外现场演示，证明 TD－SCDMA 完全符合国际电联对第 3 代移动通信系统的要求，不存在任何技术障碍，能够独立组网和全国覆盖。8 月，TD－SCDMA 演示系统实现了视频通话，而且在互联网浏览、移动定位等数据业务方面，表现突出，标志 TD－SCDMA 的技术链已经较为完善。

42

特别值得注意的是，在技术发展阶段，新技术一般会形成几个重要且明确的发展方向，并在不同的发展方向上形成竞争，竞争的结果是某一个或某几个特定方向成为新技术的主导应用领域。国内曾经出现过 TD－SCDMA TSM、LAS－CDMA、TD－SCDMA LCR 三种技术的竞争，它们都是基于 TD－SCDMA 的技术标准，但代表不同的技术应用方向。最后，2003 年 10 月科技部、信息产业部、国家发改委组织了对 TD－SCDMA 技术发展战略进行了认真分析和充分论证，果断地决定放弃前两种，选择了 TD－SCDMA LCR（低码片速率）的技术方向。这对集中技术资源，加快 TD－SCDMA 主导设计形成具有重要意义。

（三）产业内知识产权协调机制

随着产业链的成熟化，知识产权政策与许可协议成为主导设计的经济利益调节机制。由于技术标准兼容性要求在更多的产业链主体内实施，因此需要合理而开放的知识产权策略。合理的知识产权协调机制可以促进产业链与技术链的有效融合与发展，加快原创性高新技术产业主导设计的形成。

一方面，为促进产业联盟的技术共享，加快产业技术体系的发展进程，产业联盟的知识产权政策是：大唐承诺 TD－SCDMA 技术专利在联盟内部许可使用，联盟其他成员则注入必要资源，保证 TD－SCDMA 标准及产品的研发、生产、制造等方面的顺利开展。

另一方面，基于开放式创新，大唐以合作、合资、许可协议等各种方式，积极开展与国外实力厂商的合作，加快 TD – SCDMA 产业链与技术链发展。其中大唐移动、飞利浦电子和三星电子组建天碁公司进行强强联合、大唐移动授权意法半导体使用 TD – SCDMA 专利技术的特许策略等均促进了产业链与技术链的融合。

三 主导设计形成与进入商用阶段（2004.1—2009.1）

2004 年 1 月，伴随技术体系发展的不断成熟和产业化程度的深化，TD – SCDMA 引起了国际运营商的重视。2009 年 1 月，3G 牌照于正式发放标志着基于 TD – SCDMA 标准的 3G 产业形成主导设计，主要产品与系统创新初步完成，进入预商用阶段。

（一）产业链从上游产业链向 3G 服务产业链发展

这个阶段，TD – SCDMA 产业链的发展已经面向商用化发展。一方面，TD – SCDMA 产业联盟的成员准入标准从解决产业链的薄弱和瓶颈环节到吸收成员提供全线商用产品和解决方案。另一方面，产业链整体发展水平从 TD – SCDMA 标准上游产业链（主要包括基于 TD – SCDMA 标准的芯片、设备、系统、方案供应商）向着基于 TD – SCDMA 标准的 3G 服务产业链发展，表现为国际电信运营商和服务、内容供应商也加入了 TD – SCDMA 标准的关注和研发行列。

至 2005 年 11 月，产业联盟成员企业达 26 家，全面覆盖从芯片、系统设备、软件开发商、手机终端在内的所有产业环节，包括硬件、软件在内基于 TD – SCDMA 标准的完整 3G 产业整体解决方案的供应链更加成熟。同时，形成了 4 个旨在提供整体解决方案的子联盟，包括西门子—华为、上海贝尔阿尔卡特—大唐、北电—普天和爱立信—中兴通讯。

2008 年 4 月，中国移动联合大唐公司在北京、上海等 8 个城市进行 TD 网络放号运行，中国移动同时进行了 TD 的社会化业务测试和试商用工作。随着国内运营商开始商用测试，基于 TD – SC-

DMA 标准的上游设备产业链完成了向基于 TD－SCDMA 标准的 3G 产业链的转换。

（二）完整技术链与主导设计的形成

在这一阶段，伴随联盟合作成员重量级的上升和合作深度的加强，TD－SCDMA 产业技术的不断突破，主要产品与系统创新全面完成，形成完整技术链和产业主导设计。随着，TD－SCDMA 标准成为中国国家行业标准以及 3G 牌照正式发放，以及 TD－SCDMA 标准进入商用阶段，商用化终端产品和系统解决方案、双模终端商用芯片组、手机终端整体突破等，产业主导设计得以形成。

44

2004 年 11 月，由信息产业部组织的 MTNet 外场试验结果公布，TD－SCDMA 顺利通过试验，试验结果充分证明了其独立组网的商用能力和突出的技术优势。此后，TD－SCDMA 数据终端、双模终端商用芯片组、20 多款 TD－SCDMA 手机的研发成功，使被视为 TD－SCDMA 商用瓶颈的终端问题获得整体突破。至 2006 年初，TD－SCDMA 产业已形成覆盖系统设备、网管、核心芯片、终端产品、软件与应用服务、增值业务开拓、专用设备与测试仪表以及配套关键元器件在内的完整产业链与技术链。

2006 年 1 月，信息产业部正式将 TD－SCDMA 标准颁布为中国通信行业国家标准。2009 年 1 月，3G 牌照正式发放：新中国移动获得 TD－SCDMA 牌照，新中国电信获得 CDMA2000 牌照，中国联通获得 WCDMA 牌照。同时，TD－SCDMA 的 3G 市场占有率达到 40% 左右。至此，TD－SCDMA 标准已经成为 3G 产业的主导设计。

（三）产业技术标准间的知识产权利益协调

联盟内部进一步协同共享和解决专利和知识产权问题的同时，TD－SCDMA 标准体系和其他两大标准间的专利谈判进入攻坚时期。TD－SCDMA 标准从前期的研发技术到了面对商用必须解决的与其他标准的关系和专利问题处理上，也进入了关于 TD－SCDMA 标准和其他标准系统、设备兼容和漫游等问题的实质性研究阶段。

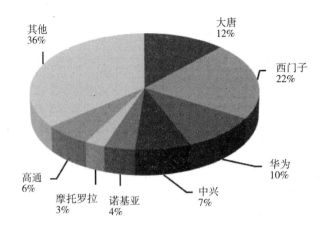

图 2 – 11　TD – SCDMA 的 TDD 专利分布

四　TD – SCDMA 主导设计发展中的政府作用

政府在 TD – SCDMA 标准形成与产业化的过程中发挥了重要的作用。政府在电信标准选择中的影响是非常重要的,第二代移动通信标准 GSM 在全球范围内的巨大成功也源自欧盟建立欧洲统一电信标准的努力。在 3G 发展过程中,日本是采用政企合作的方式大力扶持 3G 产业的发展,而韩国政府考虑了本国的民族利益,通过 3G 通信制式的选择大力扶持和支撑民族工业。

中国政府在 TD – SCDMA 标准产业化进程中发挥了不可替代的关键作用,在发展的 3 个阶段进行了不同的支持,而且动态调整支持、资源供给的类型和方式。

表 2 – 5　　　　TD – SCDMA 主导设计发展中的政府作用

时间段	政府作用	支持方式
阶段 1	标准研究资源的整合、标准的提交,以及国内不同标准的协调;TD – SCDMA 基础研究的资金支持	组织协调 资金注入

时间段	政府作用	支持方式
阶段 2	为 TD – SCDMA 标准划分总计 155MHz 的非对称频段；宣布 MT Net 外场测试计划；2003 TD – SCDMA 国际峰会举行，TD – SCD-MA 标准得到中国政府强有力支持	政策供给 频段分配
阶段 3	2004 年 2 月，国家发改委批复 TD – SC-DMA 研究开发和产业化专项，得到政策、资金支持；2006 年 1 月，正式将 TD – SCDMA 标准颁布为中国通信行业国家标准	政策供给 资金注入 颁布标准 把握牌照发放时机

第一阶段（基础技术研发阶段），政府在协调 TD – SCDMA 标准研究资源、能力方面处于核心位置，为了争取中国提交的标准能够被国际标准组织认可，政府积极整合资源、沟通标准研发主体和运营商，并且协调不同标准主体间的矛盾，避免两败俱伤。同时，政府对相关基础技术研发给予了大量政策与资金支持。1997 年 SCDMA 技术被授予国家科技进步一等奖，1998 年电信科学技术研究院发起组建大唐电信科技产业集团公司，并于当年 10 月在上海证券交易所挂牌上市，通过股票市场融资 5.98 亿元，这为 TD – SCDMA 基础技术研发提供了坚实的资金保障。1999 年后，科技部、信产部继续为 TD – SCDMA 各项基础技术研发提供专项资金支持，并于 2000 年批准大唐集团作为"863 产业化基地"。

第二阶段（产业链与技术链的构建及融合阶段），在 TD – SC-DMA 标准得到国际组织认可后，政府也将目标设定到发展基于中国自主标准的 3G 产业方面，积极促进标准技术的研发，并且为 TD – SCDMA 标准划分了总计 155MHz 的非对称频段这一不可再生的资源，强力支持 TD – SCDMA 标准。给予 TD – SCDMA 标准产业资源的同时，也给了相关主体来自政府方面的坚定支持 TD – SCD-MA 标准的信号和信心。政府及主管部门积极关注产业化进程，组织外场测试，跟踪、掌握产业化状况，并且在不同场合给予各种形式的声援、支持和肯定。从 2001 年开始，原信息产业部组织了多次 TD – SCDMA 技术试验。到 2004 年先后进行了 MT Net 测试、第 3 代移动通信网络技术试验和现网测试。

　　第三阶段（主导设计形成与进入商用阶段），在设备厂商研发进入攻坚阶段，研发资金链面临困难时，及时给予专项资金的支持，同时，TD – SCDMA 标准产业化、商用化也从主管部门的关注上升到国家领导人的关注，TD – SCDMA 产业发展体现了国家利益，其标准及其产业化成为国家"科技创新重大成就展"重要成果，并且基于"TD – SCDMA 具备大规模独立组网能力"的测试结论，国家信息产业部正式将 TD – SCDMA 标准颁布为中国通信行业国家标准，政府在权衡各种因素的情况下，给予了 TD – SCDMA 商用的现实机会。政府代表运营商进行了第一轮次的市场选择。同时政府也积极协调为 TD – SCDMA 商用机会寻找海外市场，在罗马尼亚决定由中国公司提供从系统到终端的全套 TD – SCDMA 产品，建设海外第一个 TD – SCDMA 试验网的过程中发挥了重要的作用。

　　政府在政策资源支持、有形资源投入的同时，鉴于 TD – SCD-MA 与其他两个标准在初期产业链成熟度上的差距，政府给予了 TD – SCDMA 标准产业主体最宝贵的时间资源，通过把握牌照发放时机，使得后起的 TD – SCDMA 标准有了研发技术、完善产业链、缩短与其他标准的差距、并且提高商用能力时间。所以政府对于 3G 产业标准制式的选择，牌照发放时间的掌握，给予 TD – SCDMA 标准的发展时间是最宝贵的资源。

　　与此同时，随着产业链的成熟化，知识产权政策与许可协议成为主导设计的经济利益调节机制。由于技术标准兼容性要求在更多的产业链主体内实施，因此需要合理而开放的知识产权策略。合理的知识产权协调机制可以促进产业链与技术链的有效融合与发展，加快原创性高新技术产业主导设计的形成。

一方面，为促进产业联盟的技术共享，加快产业技术体系的发展进程，产业联盟的知识产权政策是：大唐承诺 TD - SCDMA 技术专利在联盟内部许可使用，联盟其他成员则注入必要资源，保证 TD - SCDMA 标准及产品的研发、生产、制造等方面的顺利开展。另一方面，基于开放式创新，大唐以合作、合资、许可协议等各种方式，积极开展与国外实力厂商的合作，加快 TD - SC-DMA 产业链与技术链发展。其中大唐移动、飞利浦电子和三星电子组建天碁公司进行强强联合、大唐移动授权意法半导体使用 TD - SCDMA 专利技术的特许策略等均促进了产业链与技术链的融合。

五 案例小结

TD - SCDMA 是我国第一个具有完全自主知识产权的国际通信标准，TD - SCDMA 产业原创技术研发与主导设计的成功对我国原创性高新技术产业以及战略性新兴产业的发展极具示范意义。以上关于 TD - SCDMA 产业的案例研究表明：

首先，原创性高新技术产业主导设计的形成是基于基础核心技术的技术链与产业链互动融合的长期发展过程。从 1995 年 11 月北京信威公司开始研发新一代通信核心技术，到 2009 年 1 月 3G 牌照正式发放，历时近 15 年。在这个过程中，基础技术研发、技术标准提出、政府支持、产业技术合作、产业联盟发展等使技术链与产业链相互融合互动，最终使 TD - SCDMA 技术标准不断完善，TD - SCDMA产业日益发展成熟。至 2011 年底，TD - SCDMA 的 3G 市场占有率达到 60% 左右。

其次，原创性高新技术产业的主导设计及技术标准发展战略具有深远的影响。TD - SCDMA 技术标准的实施与大规模商业化，带动了产业链的发展与水平提升。目前，TD - SCDMA 产业联盟的成员企业已从 2002 年起步时的 8 家发展到 78 家，

48

而加入产业链的相关企业已超过 200 家，形成了覆盖系统设备、网管、核心芯片、终端产品、软件与应用服务、增值业务开拓、专用设备与测试仪表以及配套关键元器件在内的完整产业链，每个环节上都有 4 家以上国内外企业做积极的产品开发，在各产品环节均形成了多厂商供货的环境，并带动了我国高科技产业集群的整体发展与提升。

更为重要的是，原创性高新技术产业主导设计的成功为新一代原创技术及其产业发展奠定了坚实基础。2009 年末，大唐电信集团主导的 TD－LTE 已被 ITU 接纳为 4G 候选国际标准。目前，我国已经加快 TD－LTE 技术标准的发展与产业化，中国移动 2012 年在 9 个试点城市进行 TD－LTE 第二阶段测试，建设超过 2 万个 TD－LTE 基站。我国以 TD－LTE 标准为核心的 4G 无线通信技术逐步成熟，TD－LTE 已形成涵盖系统设备、终端基带和射频芯片、终端产品和关键测试仪表的比较完整的产业链体系，几乎全部国内外主流的电信设备企业，均投入到 TD－LTE 技术和产品的研发之中。预计到 2014 年，TD－LTE 将会实现试商用，随后中国联通和中国电信将会向 4G 商用演进。以 TD－SCDMA 产业发展为基础，我国 TD－LTE 已经形成自主技术标准和较完备的国际化产业链，成为 4G 技术领先者之一。

最后，政府政策在原创性高新技术产业主导设计形成中具有重要作用。政府在 TD－SCDMA 标准的完善与产业化进程中发挥了不可替代的关键作用。在标准发展的不同阶段进行了不同的支持，而且动态调整支持、资源供给的类型和方式。主要从 TD－SCDMA 标准研究组织的协调、基础技术研发的政策与资金支持、技术联盟与产业联盟的支持引导、频段资源配置、国家标准颁布实施等重要方面发挥引导推动作用。TD－SCDMA 技术标准及产业化的成功也为我国在原创性高新技术产业与战略性新兴产业发展中实施积极的产业政策提供了借鉴。

第四节　促进原创性高新技术产业技术
发展的国内外经验及其启示

以下主要对发达国家在促进原创性高新技术产业技术发展方面的主要经验与政策措施进行总结，并对我国加强原创性高新技术产业技术发展提出对策建议。

一　促进原创性高新技术产业技术发展的国内外经验

50

（一）重视基础技术研发，实施重大科学技术和创新计划

为增强原创性高新技术产业的基础技术研发能力，保持科技创新战略重点领域的领先地位，主要发达国家推出了一系列重大科学技术和创新计划，加大对基础研究的支持力度，在新能源、新材料、信息网络、生物医药、节能环保、低碳技术和绿色经济等重点领域投入巨资，抢占新一轮科技发展的制高点，以期赢得国际经济竞争的新优势。近年来美国实施《美国国家创新计划》、《美国竞争力计划》，每年在纳米、网络和信息技术、生物技术、先进能源、物质科学与工程、气候变化科技等领域研发投资超过 400 亿美元。欧盟实施为期 7 年总预算高达 505 亿欧元的《第七框架计划》，优先发展健康、信息和通信、能源、环境、交通运输、空间和安全等 10 个关键领域，旨在增强欧盟产业科技支撑力和欧盟国际竞争力。德国推出《德国高技术战略计划》，提出到 2020 年使德国成为世界上最适宜从事研究的国家，为此投资 146 亿欧元，重点支持纳米技术、生物技术、微系统技术、光学技术、材料技术、空间技术、信息和通信技术、能源技术、环境技术、汽车和交通技术、航空和宇航技术、海洋技术、健康和医药技术等 17 个尖端领域。日本实施《第三期科学技术基本计划》，总预算 25 万亿日元，除重点支持生命科学、信息通信、环境、纳米技术和材料 4 个关键技术领域外，还推进能源技术、制造技术、社会基础和前沿技术发

展以及基础研究。

（二）加强科技基础设施建设，发展面向产业化的研究综合体

重大科技基础设施是原创性高新技术产业发展的重要基础条件。长期以来，发达国家对重大科技基础设施的发展都有相当大且稳定的投入。据不完全统计，美国近几年对基础研究大型装置（不包括航天等领域）的投入大约占政府 R&D 投入的 1.9%，德国为 3.6%，英国为 2.3%[①]。

由于当前世界科技竞争空前激烈，各国都把重大科技基础设施的发展作为提升国家创新能力和国际科技竞争力的重要举措。近年来，美国、英国、德国、法国、瑞典、丹麦、西班牙、日本和澳大利亚等国以及欧盟在已经拥有相当规模重大科技基础设施的情况下，进一步推出了长远发展规划，如美国能源部《未来的科学装置：二十年前瞻》、英国《大型设施战略路线图》、欧盟《欧洲研究基础设施路线图规划》等。

与此同时，发达国家为促进基础研究向应用研究的转化，加快发展面向产业化的研究综合体。首先，围绕已有大科学装置基地建立高新技术研究中心。随着美国提出纳米科技计划，能源部随即在数个大科学装置基地建立了五个各具特色的纳米中心。近年来，为了发展生物能源，又在这些基地建立了两个生物能源中心。在目前发达国家的大科学装置发展规划中，有计划、有步骤地部署这种科学中心的建设，如英国的达累斯堡 – 哈威尔科学和创新园区。

其次，加快建设发展面向产业化的研究综合体，促进基础研究能力与应用研究能力、产业化能力的互动融合。如英国 Hawell 研

---

① 美国能源部科学局：《未来的科学装置：二十年前瞻》，http：//www. er. doe. gov/Scientinc_ User_ Facilities/

欧洲研究基础设施战略论坛. 欧洲研究基础设施路线图规划，http：//cordis. eu/esfri/roadmap. htm

英国研究理事会. 大型设施战略路线图，http：//www. berr. gov. uk/filesl4569. pdf

德国科学理事会. 对基础研究九个大型装置投资规划的审议报告，http：//www. wissenschaftsrat. de/texte/5385 – 02. pdf

究综合体（Reaserch Complex at Hawell，RCaH）是被列为英国大科学装置路线图的一个独立项目，但与科学中心的发展密切相关。Hawell 研究综合体主要是建设可以有效利用几大科学装置的公用附属实验室，主要实验支撑能力包括高通量蛋白质及蛋白质制备、蛋白质晶体学计算、单分子成像、分子反应动力学、电子显微镜等，2009 年已投入使用。Hawell 研究综合体包括四层组织结构：第一层是 ISIS 中子源等 4 个大科学装置；第二层是促进工业界和研究者互动的虚拟中心；第三层是材料创新研究所等 4 个先进技术研究所；第四层是促进原创技术产业化的风险投资公司与高技术企业。

52

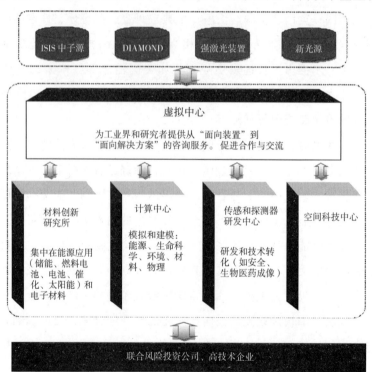

图 2－12　Hawell 研究综合体的组织结构

（三）加强合作创新，提高产业技术链整体研究能力

由于原创性高新技术产业涉及的学科门类复杂、技术链与产业链长，战略技术联盟、产学研合作、创新网络体系等多种形式合作

创新是提高原始创新成功率与产业发展效率的重要组织形态。为促进高新技术产业的合作创新水平，美国等发达国家出台了《国家合作研究法》等一系列法律法规。目前美国仅在信息技术、生物技术、新材料等有关高技术领域建立的合作创新组织就多达5000多个，合作创新已成为发达国家重要的技术创新组织形式。同时，发达国家在原创性高新技术产业发展中加大对合作创新的政策引导，以加快原创技术的研发能力。如日本在1961—1990年期间，在计算机与信息产业、机械、石油化工等产业领域，组织成立了96个企业技术"研究组合"，不少"研究组合"获得数十亿乃至数百亿的研发补助，其中"超大规模集成电路技术研究组合"在 1976—1980年的总事业费约为720亿，其中通产省补助291亿，是同期通产省补助金总支出的50%。[1] 目前，在我国重大科技专项的研究中，也成立了很多科技创新联盟，促进了产业技术链中的学科整合与产学研合作，大大提高了重大科技专项研究的效率，促进基础研究成果的产业化应用水平。

（四）实施技术标准战略，获取主导设计竞争的主动权

目前，在高新技术产业前沿领域，技术标准竞争是国际产业竞争的制高点。特别是，发达国家在新能源、新能源汽车、纳米、生物等科技前沿领域展开激烈的技术标准竞争，以求控制未来产业发展主动权。因此，发达国家积极实施技术标准战略，将原创技术与知识产权、技术标准体系相结合，形成原创性高新技术产业的技术标准发言权和全球产业链控制权。

美国出台了《美国国家标准战略》等一系列法律法规，放开企业在专利联盟中反垄断限制，对有竞争力的企业标准进行扶持，帮助其推广并推向国际市场。以数字电视产业技术标准的确定为例。最早研究高清晰度电视技术的国家是日本，美国于1987年才决定开发自己的高清晰度电视标准。在美国通用仪器公司提出了全

---

① 周程：《科技创新典型案例分析》，北京大学出版社2011年版，第100页。

数字化高清晰度电视系统的概念后，美国的相关企业和研发机构在政府的统一组织下，很快就以全数字化高清晰度电视系统为基础，共同合作设计出一个新的系统 ATSC，并确定为美国数字电视技术标准。ATSC 制式标准的开发成功一举将日本在此领域内 20 年的高清晰度电视系统制式 MUSE 的技术领先优势化为乌有，并迫使欧洲也不得不放弃继续研制 MAC 模拟制式的计划。[①] 同时，美国通过美国国家标准学会对产业技术标准的制定进行管理者和协调，特别是在世界标准组织如国际标准化组织（ISO）和国际电工委员会（IEC）积极保护美国产业界利益，强化高新技术产业竞争优势。

54 日本特别加强了在纳米、生物等重大科技前沿领域的技术标准战略，建立"标准化政策和产业技术政策一体化推进"和"支援标准化研究开发的体系"等政策机制，在其国家知识产权战略计划中也重点突出了技术标准战略的重要性。

二 促进我国原创性高新技术产业技术发展的对策建议

（一）加大基础研究的投入力度，加强重大科学技术领域的前瞻性布局

基础研究是原创性高新技术产业技术发展的基础，特别是在已有科学基础上的具有明确科学目标的重大基础科学研究和学科综合交叉研究是产生原始性创新成果的沃土。目前我国在基础研究领域的投入水平与发达国家还有一定差距，因此我国应在现有重大科技专项研究基础上，加大基础研究的投入力度，通过制定有关政策法规，引导和鼓励地方政府、企业和社会力量增加对基础研究的投入，完善多元投入机制。

加强重大科学技术创新领域的前瞻性布局，继续组织实施重大科学研究计划，组织多学科交叉集成的科研团队对具有重大科学意义的基础研究课题开展研究，集中力量攻克一批重大科学问题。继

---

① 李纪珍：《数字电视产业技术标准与政府作用比较》，科学学研究，2003（2）。

续加强国家重点实验室、国家重大科技基础设施和大科学工程等基础研究创新基地，重点培育一批的研究型大学和研究所。同时，加强重大科技基础设施，特别是多学科实验装置的建设，促进原创性科技研究的基础设施水平的提升，建设一批具有国际一流水平的科学中心，促进学科交叉融合与重大科技创新突破。以国际一流科学中心和重大科技基础设施为中心，加强面向产业化的研究综合体与高科技园区的建设，促进基础研究与应用基础研究的融合互动。

（二）加快企业高水平研究机构建设，强化产学研合作

国际经验表明，大企业与创新型企业的高水平研究机构是原始技术与基础技术的重要发源地，也是促进大学基础研究与企业应用研究互动的创新载体。从我国情况来看，尽管近年来我国企业研发投入不断增长，但由于企业很少关注基础研究，原创能力严重不足，因此我国应当重视对企业高水平研究机构的培育扶持，发挥企业原创研究在我国研发活动中的重要作用。

加强企业的国家重点实验室建设，引导高端创新要素向企业集聚。通过建设企业国家重点实验室、博士后工作站等方式，引导和支持有条件的企业特别是大企业和转制院所重视基础研究并加强投入。在重大科技研究中，支持企业还积极参与项目研究并发挥应有作用，推进了以企业为主体的原创性技术创新。支持企业对行业中的技术难点和共性关键技术从基础研究的角度进行探索，为产业技术创新提供理论支撑，带动整个行业和中小企业的发展。在重大科技项目研究中，大大提高企业参与的程度与作用，通过产学研联盟等方式，促进企业和高校、科研院所的交流合作，不断创新基础研究成果转化的新机制，加快基础研究成果的转化步伐，促进原始性创新产业化。

（三）实施技术标准战略，促进技术链整合

主导设计与技术标准是原创性高新技术产业的技术发展方向和市场竞争格局具有重大影响，特别是我国具有很大的国内市场，建立自主技术标准体系，有利于获得产业技术发展主导权，促进本土

产业与内需市场的互动发展。因此，我国积极实施技术标准战略，加强对技术链和产业链各种力量的整合，对提升产业核心竞争力具有重要意义。

在重大科学技术创新以及战略性新兴产业的重点领域，加强技术标准战略导向与投入力度，制订技术标准战略计划。建立与科研项目配套的标准化研究机制，以及以市场为导向并满足标准开发需求的科研支撑机制。加强基础技术与战略专利的研究，建立产业技术联盟，在自主技术标准框架下加强国际技术研发合作，加快在基础技术与战略专利方面的知识产权战略布局，形成原创性高新技术产业发展的基础知识产权体系。在原创性高新技术的产业化过程中，对以国内企业为主的产业联盟给予资金税收支持以及政策引导。加强相关技术标准建设的机制创新，促进自主创新技术向技术标准的转化。鼓励企业以自主创新成果为基础建立起拥有专利技术的企业标准，支持产业内有较强国际竞争力的企业，将自主创新成果通过专利联盟等方式形成产业联盟标准，并积极参与国际标准的市场竞争。

（四）创造有利于原始创新发展环境，加强国际学术合作

营造宽松自由的基础研究学术环境。科学技术创新与原创性高新技术产业发展的历史经验表明：很多具有革命性作用的科技创新思想往往是反传统、反权威的，因此必然会受到来自各方面的压力，而突破性的科学和技术创新活动，其过程往往带有风险性、长期性、曲折性、不确定性。因此，应该根据原始性创新研究的规律，营造宽松自由的基础研究学术环境。在基础研究投入中，着眼于出思想、出人才和扶持学科增长点的思路，加强原始性创新研究的支持力度。鼓励科研人员自由流动，促进学术交流、交叉和融合。对从事以自由探索为主的基础研究和高技术前沿探索研究的科研团队，加快相关的科技政策和管理方式的调整，建立和完善科学合理的科研立项遴选机制，并建立适应原始性创新的评价体系。

加强国际学术交流与合作。国际上热门的重大学术前沿课题往

往需要大量的科研投入和良好的研究条件，目前出现了集多国资源共同研究的趋势，应鼓励我国的研究团队积极参与国际合作，在平等互利的基础上共享资源和信息，提升原始创新能力。充分发挥政府间科技合作的主渠道作用，积极参与国际大科学研究计划和大科学装置建设，推动高水平基础研究的开放、合作与交流。组织有我国自主优势的重大国际合作研究计划，力争形成以我为主的国际科技合作格局。对有基础和优势的国家重点实验室，应选准目标，给予大力支持，对外开放，在全球范围内选拔学科带头人，吸引一批在国际上有影响、有突出成就的优秀科学家，从事基础科学研究和高技术前沿探索，使其成为国际上有影响的研究中心。

57

第三章 原创性高新技术产业
发展的市场机制

    原创性高新技术产业的发展必然要与市场相联系，原创性高新技术成果必须与市场相结合才能完成技术创新的全过程，实现产业化。原创性高新技术成果是否能转化及产业化，最终的决定权是在消费者的选择。符合消费者需求的商品才能占领市场份额，才能获取利润，实现其最终价值。消费者的购买引导资金回流，保证了社会再生产的运行；消费者新的需求信息，又诱使下一轮高新技术成果的转化。所以原创性高新技术产业化的最终目标，必然是要获得市场和消费者的认可和接纳，进而获取经济效益，因而市场因素对于原创性高新技术的产业化往往具有决定性的作用。一项技术能否被市场或者市场上的绝大部分用户所接受，往往是产业化成败的关键。

第一节 原创性高新技术产业市场机制的重要性

    原创性高新技术产业在 21 世纪将是各国展开竞争的一个重要领域，与其他产业对比，原创性高新技术产业更为需要一个准确的市场定位。从产业层面上而言，市场机制是指寻求市场承认，满足市场需求，以市场为导向的集研发、生产和销售为一体的综合过程。

一 需求拉动是发展产业的重要动力

第二次世界大战以后，社会化大生产的推广提高了生产率，市场日益繁荣，竞争更加激烈，企业的经营观念已由过去的利润导向转变为需求导向，企业的经营活动更多地开始以需求为中心。在这种背景下，如果继续按照技术推动模式，就无法解释为什么有些科学技术成果难以或根本无法转化成商品。日本在半导体、复印机等多个领域强大的产品创新实力，运用的却是美国的科研成果。这些现实又表明，科学技术本身的突破与发展，确实给企业形成一定的创新推动力，但它却并不是企业创新动力的唯一源泉，我们还必须撇开科学技术发展到市场中去寻找答案。

需求拉动的核心思想认为技术创新源自于需求，源自于市场对企业的技术需求，其机理如图 3 – 1 所示。生活中很多的创新动力来源于需求，德国"二战"时期人造材料替代自然材料的极大需求刺激了法本（IG Farben）[①] 公司和其他化学企业进行了集中的研发工作；美国战后经济对军事空间的极大需求，刺激了在半导体领域的科技创新洪流和早期的计算机开发；当德国政府发起开发调频网络和雷达时，英国战后的急需促使了各种雷达的成功开发；日本政府劝服丰田企业进入到有军事目的性质的卡车行业。当然，需要强调的是这里的需求是一个广泛的概念，不仅包括消费者的需求，也包括生产需求，需求拉动模式强调了研究市场机会对于企业的重要性。相对技术推动模式而言，企业对需求的变化反应更为敏感，因为需求为企业提供的创新目标更加明确一些。并且，如果是现实、现时的需求存在，则创新的风险性会较小。所以，企业一般对需求拉动而出现的创新机会就会利用积极性更高一点。对中小企业

59

———————

① 1925 年，法本集团（IG Farben）纳入德国的拜尔（Bayer Group）、巴斯夫（BASF Group）和赫希司特（Hoechst Group）三大化学公司作为其骨干成员，成为德国最大的化学垄断组织和 20 世纪上半叶全球第二大医药/石化联合企业，"二战"后于 1951 年在盟军的主持下，法本集团被改组为拜尔、巴斯夫、赫希司特三大化工公司。

来说，需求拉动型技术创新更为重要。

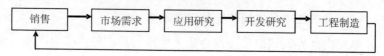

图 3 - 1　需求拉动模式

福特的生产模式创新就是典型的需求拉动模式。亨利·福特那个时代，汽车还不是大众产品，那时的汽车价格昂贵，无人敢于问津。从 1899 年开始，福特凭着创业热情两次创办汽车公司，结果都失败了。但是，他并不气馁，后来与马尔科姆共同创办公司。并做了创业分工，马尔科姆忙于财务和组织，而福特与朋友 C. H. 威利斯工程师则全力以赴设计不同于以前价格昂贵的汽车，而是既便宜又实用的、仅 850 美元一辆的价廉汽车。产品一问世，供不应求。一季度销售 5000 辆，成为同行中的佼佼者。如果说这时的产品创新是满足市场对低价汽车需求的话，而接下去，福特又考虑起究竟什么样的汽车最符合市场需求，从而进一步进行产品创新。福特按照新产品采用标准化生产的思路，随之设计出 T 型车。一投产便广受欢迎，无须推销。客户自己找上门来。究其原因在于：农民正需要这种车，普通人又买不起；机械简单，便于掌握；驾驶性能适应当时复杂的路面；在产品创新的极大成功是 T 型车销售量剧增，原来的生产工艺、设备满足不了产量日益增加的需要，这一切使福特意识到工艺必须创新，从 1908 年起，经过五六年时间的摸索，终于在 1914 年成功设计出"福特式的全自动流水线"，93 分钟内从无到有地装成一辆汽车，这在工业发展史上写下了辉煌的一页。其后，福特继续改进流水线，于 1920 年实现每分钟生产一辆汽车，1925 年又创了每 10 秒钟制造一辆汽车的纪录。福特汽车公司的 T 型车产品创新和全自动流水线的创新，正是消费者需求拉动和生产需求拉动的典型例证。

二　市场导向是发展产业的内在要求

尽管学界对市场导向作用机理方面还存在文化观与行为观等理

论分歧，但是对市场导向对产业发展的意义是一致的。Narver 和 Slater（1990）[①] 认为市场导向应该是一种组织文化，包括三个构面：顾客导向、竞争导向、部门间协调。行为观主要由 Kohli 等[②] 所提倡，认为市场导向可定义为"组织产生现有和潜在顾客需求的信息、跨部门传播和组织对此信息做出适当的反应"，包括三个构面：市场信息的产生、市场信息的传播、组织对市场信息的反应。[③]

对市场导向的作用机理的研究，杜鹏和万后芬[④]研究了市场和技术融合问题，而张婧（2005）[⑤] 做了市场导向对产品创新的影响的研究。孙爱英、周竺（2008）[⑥] 认为市场导向行为要素对于企业技术创新方式的影响是不同的，并认为只有结合市场导向行为要素正确地选择适合的技术创新方式，才能在市场竞争中增强企业的核心竞争能力。张婧、段艳玲（2010）[⑦] 实证考察了市场导向和创新导向对新产品开发绩效的影响，以及创新导向和环境变动在市场导向和新产品绩效关系中的调节作用。Christensen 和 Bower（1996）[⑧] 的研究也表明，过高的市场导向将企业创新限制在顾客驱动的渐进式创新的狭窄范围内。任峰、李垣（2003）[⑨] 综述了该领域近年来

61

① Narver, J. C. and S. F. Slater. The Effect of a Market Orientation on Business Profitability [J]. The Journal of Marketing, 1990 (4).

② Kohli, A. K. and B. J. Jaworski, et al., Markor: A Measure of Market Orientation [J]. Journal of Marketing Research, 1993 (4).

③ 史江涛、杨金凤：《市场导向对技术创新的影响机理研究》，研究与发展管理，2007 (2)。

④ 杜鹏、万后芬：《市场导向与创新导向的融合研究》，管理评论，2008 (11)。

⑤ 张婧：《市场导向对产品创新的影响研究》，科研管理，2005 (3)。

⑥ 孙爱英、周竺：《不同市场导向类型对技术创新的影响研究》，工业技术经济，2008 (6)。

⑦ 张婧、段艳玲：《我国制造型企业市场导向和创新导向对新产品绩效影响的实证研究》，南开管理评论，2010 (1)。

⑧ Christensen, C. M. and J. L. Bower. Customer Power, Strategic Investment, and the Failure of Leading Firms [J]. Strategic Management Journal, 1996 (3).

⑨ 任峰、李垣：《市场导向与技术创新的关系研究》，中国软科学，2003 (6)。

的研究成果，从"组织文化"观和"行为"观两个角度分析了市场导向对创新的影响，认为市场导向有利于提高创新成果的市场接受程度以及改善短期绩效，但是，由于过度关注于满足顾客的当前需求，抑制了根本性的创新，从而不利于企业长期竞争优势的培育。李雪灵、姚一玮和王利军（2010）[1] 通过构建"战略构念—市场行为—企业绩效"的理论范式，提出并验证了新企业积极型市场导向的市场行为在创业导向作用于创新绩效的过程中的中介作用。杨智、张茜岚和谢春燕（2009）[2] 探索性地构建了以营销能力为中介变量和环境不确定性作为调节变量的市场导向和创新导向对企业绩效影响的概念模型。

62

市场导向对科技资源的配置主要表现在以下三个方面：一是市场承认。科技资源效用体现在技术创新之中，技术创新是建立一种新的生产函数，是将一种新的关于生产要素与生产条件的组合引入生产体系。可见技术创新具有过程与结果双重内涵。从过程上讲，它强调科技与经济的良性结合，在科研立项阶段就需要考虑成果的市场应用，而不是令科技和经济成为相互分离的"两张皮"，即不是先出科技成果再进行成果转化与商业化。从结果上看，它强调仅有科技成果或发明尚不足够，关键是其能否转化为有商业价值的产品或服务。因此，市场对科技资源效用的最终承认决定科技资源配置的价值基础。二是市场激励。遵循价值规律所进行的资源交换可促成良好的利益驱动机制。正因为每一个人都力图使其拥有的资源得到最充分的价值实现，那么无数次这样分散的利益追逐将促使全社会资源配置趋向最优。三是市场竞争。如同资本、劳动等生产要素的交换一样，科技资源交换也存在着激烈的市场竞争。其竞争不仅表现在数量、质量、价格、渠道、促销等方面，更为突出地表现

① 李雪灵、姚一玮等：《新企业创业导向与创新绩效关系研究：积极型市场导向的中介作用》，中国工业经济，2010（6）。

② 杨智、张茜岚等：《企业战略导向的选择：市场导向或创新导向——基于湖南省高新技术开发区企业的实证研究》，科学学研究，2009（2）。

在信息利用方面。由于分散决策条件下信息利用的充分性与准确性，因而无数个例交换累积将促使科技资源配置朝着最优化的方向运行。

三 锁定效应是发展产业的有效策略

在原创性高新技术业的市场竞争和技术演进过程中，既存在着优胜劣汰，但也存在着劣胜优汰的多种复杂情形，这说明经济系统的运行可能被锁定在低效率的状态之下。在传统产业中，由于收益递减规律的作用，因而会出现优胜劣汰。但是，在原创性高新技术业起作用的却是收益递增规律，它使市场竞争呈现出锁定和路径依赖的特点。某种产品可能并不是最好的产品，但由于市场竞争策略高明或先期占有较大的市场份额，诸如此类微小与偶然的因素使得其成功地占领了市场，那么经济系统可能就被锁定在这种状态之下，从而导致了劣胜优汰的情况。总之，细小的事件和偶然的情况常常会把市场竞争和技术发展引入特定的路径，而不同的路径最终会导致完全不同的结果，形成多态均衡。以微软的操作系统产品为例，20世纪80年代初期个人电脑的操作系统主要有DOS，CP/M，苹果公司的Mackintosh等。操作系统产品呈现出收益递增的性质，因为如果某种系统占据了优势地位，就会吸引更多的软件和硬件开发商采用该产品，从而使该产品占据更具优势的地位。在最初的一两年内，并无任何迹象能清楚地表明哪种系统能够流行。微软通过与IBM合作，以较低的价格授予其使用权，但同时规定不得限制其他公司的使用权。这一高明的竞争策略使得DOS的用户数不断地增加，最终微软的DOS系统占据了几乎整个操作系统市场。而从技术角度讲，DOS并非是最好的，这从许多计算机专业人士对DOS的严厉批评可窥一斑。此后，微软公司不断推出Windows XP，Windows 95等操作系统，在软件业可谓是独步天下，无人能敌，堪称是胜者通吃的典型。这说明在原创性高新技术业的市场竞争中，可能产生出多态的复杂均衡情况，它是市场竞争中多种因素相互制约、相互影响、相互博弈的结果。

从机理而言，锁定效应是由原创性高新技术产业的网络外部性特征引起的。原创性高新技术产品的网络外部性意味着用户的效用存在着相互依赖性，因此用户在选择产品时必然要预测哪种产品将成为市场的主流。行业标准的作用就在于能够减少用户的预测和搜寻成本，因此谁的产品被市场接纳为事实标准，就意味着该产品将成为市场上的主流产品，市场将处于它的垄断之下。在原创性高新技术业，产品间的相互依赖度很高，从而产品间能否兼容被视为是企业的生命。于是，标准就占有更为重要的地位，因为只要拥有标准，其他厂商的产品一律与你的产品兼容，你永远处于市场主导者的地位。

64

第二节　原创性高新技术产业发展的市场作用机制

关于市场对高新技术产业化的拉动作用有两种看法：一是认为市场对创新的作用在于激励，即市场制度本身对高新技术产业化产生重要的刺激作用；二是市场需求对创新产生重要的拉动作用，即市场需求要求高新技术产业的出现，为高科技产业化提供了机会。两种看法各有侧重，并不矛盾。

一　市场作用机制的运行模式

从本质上而言，市场运行机制是通过市场价格的波动、市场主体之间的利益竞争、市场供求关系的变化来调节经济运行的机制。一般意义上的运行机制主要包括供求机制、价格机制、竞争机制和风险机制。原创性高新技术产业发展过程中，市场的作用深入到技术研发到产业化的各个阶段，大体上可以归纳为三个机制，即激励机制、诱导机制和本地效应，如图 3-2 所示。

二　市场的激励机制

市场是实现产品和服务关系发生交易的场所，是一种实施费用

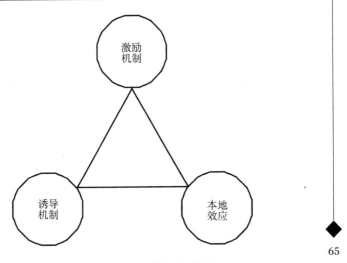

图 3 - 2　市场作用机制的运行模式

低、效率高的激励制度，因为市场的最大功能在于自发地培育创新，即市场过程是一个对技术创新进行自组织的过程。亚当·斯密指出，市场机制就如一只看不见的手，发挥着如下功能：生产有市场价值的物品，从而满足他人需要这一活动本身，间接地使生产者自己获得价值。所以，市场对技术创新及其产业化的激励作用主要有如下几个方面。

首先，市场的作用在很大程度上是因为它具有自组织功能。市场通过要素的自由选择形成了有效的组织方式，又通过自由选择使一些无效或低效的组织解体，这本身就是对创新的激励。以小灵通为例，UT 斯达康公司经过对 PHS 的无线本地环路（WLL）技术改进后，于 1997 年在杭州余杭开通试用。据信息产业部统计，截至 2006 年 8 月底，中国小灵通用户达到 9300 万，海外小灵通用户超过 700 万，全球范围内的小灵通用户已经突破一亿。市场需求的飞速发展一方面带动了整个产业的发展；另一方面也带动了技术的进步。如 2003 年 12 月，我国北方 10 省市区小灵通实现短信互通；2005 年 5 月，机卡分离小灵通上市；2007 年 8 月，小灵通充电器将可以和手机互通。然而，随着 3G 手机标准的推进，2009 年 2 月，政府主管部门已明确要求所有 1900—1920MHz 频段无线接入系统应在 2011 年底前完成清频退网工作，以确保不对 1880—1900MHz 频段 TD－SCDMA 系统产生有害干扰。事实上，从我国确定组建 3G 标准 TD－SCDMA 标准后，UT 斯达康公司就已经将研发主要投入到了 3G 标准中。可以说，市场一方面积极回应产业的短期需求；另一方面，市场也对中远期产业的发展进行探索，显示了市场的自组织特征。

其次，市场可以降低由创新的不确定性带来的风险，并正确引导创新。第一，自由的市场可以使很多企业在满足同样的需求的市场方向上加以尝试，众多的企业独立地探索创新途径，要比一个企业探索创新途径成功的可靠性高得多。第二，一个企业完成了创新会对其他企业产生重要的启发作用。第三，市场可以将创新利润与个人收益结合起来，成为实现个人价值的重要途径之一，所以吸引了很多企业和个人冒险从事创新工作。在市场条件下，创新具有巨大的吸引力，若创新成功，会因此获得巨大收益。正是对这种收益的期望，这诱使许多企业和个人进行创新。市场对创新风险的规避和引导作用，硅谷是一个典型的案例。尽管有许多解读硅谷成为全球创新的源泉的研究，包容失败与之相伴的激励创新是重要的因素。硅谷的文化鼓励人才去创业和冒险，但同时也不会嘲笑失败；因为有多少成功者，就有更多的失败者。一次成功之前或许是数次的失败，只要总结失败的经验，就可以重新再来。在硅谷，创业失败从来不是一件丢人的事情，因为只有勇于冒险的人才可能失败，而不敢创业就永远不会有成功，这是硅谷独特的文化。

最后，市场提供了创新标准的判断机制，创新是否正确由市场来检验。在完善的市场经济条件下，市场将公平地决定创新者的所得，市场价格的高低常常反映消费者需求的变化，创新者的目标是消费者对创新的接受，这是最有效的一种创新激励方式。市场把创新成功与否的裁决权交与消费者，从而为创新提供标准。铱星案例则是这方面的一个失败案例。2000 年 3 月 18 日，曾耗资 50 多亿美元建造 66 颗低轨卫星系统的美国铱星公司背负着 40 多亿美元的债务宣告破产。铱星公司成立于 1991 年，第一、第二大股东是分别是摩托罗拉和日本铱星公司。摩托罗拉公司从 1978 年就开始策划"铱星系统"计划，历时 11 年，耗资 50 多亿美元，旨在通过分布在太空中的 66 颗低地球轨道卫星把地球包围起来，从而形成全球通信网络。这套通信系统可以跨越时空的限制，使顾客能够在高山、大洋及南极、北极等地方顺利通话。该系统集天线、接收机、发射机、数字解码器于一体，科技含量极高，能够很好地适应海上探险、极地考察、登山及偏远地区通信的特殊需要。铱星科技代表了未来通信发展的方向，但其依托的技术优势并未能保证市场的胜利。"他们在错误的时间，错误的市场，投入了错误的产品"，这是世界权威对铱星陨落的评价。换言之，铱星确定了一个错误的市场定位，反言之，市场抛弃了铱星。

三　市场的诱导机制

对于一个原创性高新技术企业来说，在进行一项技术革新或投产一个新产品之前，首先要考虑的是市场是否有巨大的需求潜力，使企业按照市场经济的规律运作，才能实现原创性高科技商品化、产业化及规模化。因此尤其在买方市场条件下的技术创新，应理解为以企业为积极发挥市场模式和商业模式的创新，以市场为导向、运用先进的科技成果进行的技术开发，并且使之能够商品化的一个动态过程。

首先，市场需求结构的升级，对依靠高新技术产业化实现产品结构的升级换代提出迫切的要求。具有明显的层次性的需求会对最终产品创新产生拉动作用。人均收入的提高会使需求层次发生变化，从而使市场需求结构改变，这就要求供应者必须用产品或服务来满足需求，这时就要求必须有创新出现。总之，消费品市场需求结构的变化为最终产品创新提供了明确的方向。孙晓华和周玲玲（2011）对此作了深入的分析，由于消费者受到预算约束的限制，具有相似性能偏好的消费者会有不同的支付意愿。即使不考虑预算因素，不同消费者从产品中获得的效用也是不同的，其原因包括：一是不同消费者的能力、知识水平存在差异，例如同样是一台电脑，专业的电脑程序员会比非专业人员从中获得的收益更大；二是不同消费者对同种产品的应用程度不同，例如规模较大的企业会利用购买的中间品生产出更受欢迎的产品，而规模较小且客户基础薄弱的企业则办不到，导致用户对同种产品的支付意愿存在较大差别；三是产品本身与替代品的性能水平不同，如果替代品的性能水平高于该产品，部分消费者对该产品的支付意愿可能会下降，反之则会升高①。

68　　　其次，市场需求规模的扩张与经济资源的有限性并存，并使得依靠高新技术产业化实现经济持续的集约型增长成为必然。集约型的增长方式要求追求效率和效益，它会促进企业不断地进行创新。在竞争的环境中，提高效率是获得竞争优势的重要方面，为此企业需要有更高效率、更专门化、更高加工精度的设备，这就向市场提出了一系列的中间产品需求。同时，最终产品需求层次的变化也会要求上游产品，如材料、设备功能等要相应地改变，形成一系列派生性需求，也会对创新及其产品产生拉动作用。也就是说，中间产品受效率和最终需求拉动的派生性需求的影响，也将对技术产业化过程产生诱导作用。事实上，随着我国经济总量的增长，用高新技术和先进适用技术改造传统产业，大力振兴装备制造业，推动装备制造业的高端化升级改造，必将成为我国装备制造业"十二五"期间的重点发展内容。高端装备制造业是装备制造业的高端部分，具有技术含量高、资本和资源要素密集、产业关联度大等突出特点。据工信部预计，今后10年将是我国高端装备制造业的高速增长时期，成为国民经济重要的支柱产业，到2015年高端装备制造业年产值将在6万亿元以上；到2020年，高端装备制造业销售产

---

① 孙晓华、周玲玲：《不同需求结构条件的企业技术创新与市场细分》，改革，2011（3）。

值将占装备制造业的 30% 以上，国内市场满足率超过 25%。

最后，市场需求对供给的选择使保持创新的企业发展起来。由于上述两个方面的原因，创新的企业会受到市场的肯定，因此会发展起来。一方面，它们在市场上吸引要素，或者对其他企业实施兼并，使资源向具有创新能力的企业集中；另一方面，具有创新能力的企业在市场上占据更多的市场份额，使其他企业无法生存。在诸多原创性高新技术产业中，产业集中的现象往往与市场策略相关。这可以用技术演进过程中的自增强机制来加以说明，即首先进入市场应用于产品的技术的拥有者常可以凭借先占的优势地位，利用生产规模迅速扩大促成的单位成本降低，产品普遍流行导致的学习效应提高，众多经济当事人采取相同技术所产生的协调效应，在市场上越是流行就促使人们越相信它会进一步流行的预期等等，实现技术的自我增强的良性循环。相反，一种具有较之其他技术更优良品质的技术却可能由于进入市场晚一步，没有获得足够的追随者而陷入恶性循环，甚至锁定在某种被动状态之下，难以自拔。20 世纪70 年代 Beta 和 VHS 两种录像带的制式之争便是一例，虽然专家们一致认为 VHS 在技术上略逊一等，但是由于 VHS 从一开始在市场上的占有份额多，导致 VHS 制式的录像带成为市场上的主流产品。Beta 式录像带则被永远地抛进技术的垃圾堆，从此销声匿迹。这个事例说明原创性高新技术产品能否在市场上流行，并不完全取决于本身的技术含量高低，而是多种不确定因素相互均衡的结果，其中起决定性作用的是技术的自增强机制。

四　市场的本地效应

波特的钻石理论认为，一国产业竞争优势的获取，关键在于要素条件、需求因素、支持性产业和相关产业、企业战略、结构和竞争等基本要素，以及机遇和政府两个辅助要素的整合。加拿大学者Tim Padmore、Hervey Gibson 对钻石模型进行了改进，将波特的需求因素进一步区分为本地市场和外部市场两大因素。波特认为，国内需求条件是产业发展的动力，"本土的预期型需求可能催生产业的国家竞争力，而市场规模和成长模式则有强化竞争力的效果"；"当产业科技发生重大改革，快速的内需成长更显其重要性"。如瑞士、韩国，甚至日本都是在国内市场不够大的压力下才发展出口，大型内需市场的存在会降低母国企业出口的动力，国内市场规模越大，企业出口的动力越小。因此，在中国现有条件下发展原创性高新技术产业，不能忽视本土需求。

首先，国内市场效应可促进现有制造业的成功转型。国内市场效应最早被用在国际贸易研究中，是指在一个存在报酬递增和贸易成本的世界中，那些拥有相对较大国内市场需求的国家将成为净出口国。中国有巨大的国内市场，在存在规模报酬递增的情况下，国内市场需求造成的规模经济效益对中国的贸易起到作用。"国内市场效应"对制造业的影响在国外已经受到越来越多人的重视，出现了大量关于如何确定和衡量一国的制造业是否存在的"母市场效应"的影响因素等研究。我国是一个贸易大国，其中很多外贸产品都具有规模报酬递增的特点，所以如何发挥这个庞大的国内市场的积极作用对于我国的原创性高新技术产业发展有着特殊的意义。

其次，国内市场规模与市场的快速成长为产业带来持续创新的压力。波特反复强调了母国需求数量的重要性。"本土的预期需求可能催生产业的国家竞争力，而市场规模和成长模式则有强化竞争力的效果"。当产业科技发生重大改革，快速的内需成长更显其重要性。波特认为发达国家消费的优势是需求的质量，即国内市场消费者的需求以及国内市场需求转换为国际市场需求的能力，包括细分多元的需求结构、内行而挑剔的客户、预期型需求。从需求数量方面来看，主要是需求规模和成长模式，在竞争优势中，国内市场需求的成长率和市场需求的规模是一体的两面。快速的内需成长可以鼓励厂商投资、勇敢而果断地引进科技、更新设备，并兴建更大型、更有效率的厂房。国内市场会出现提前需求和提前饱和的现象。国内市场的提早需求会给企业和政府提供提早行动的机会，而提前饱和则会给企业带来高度的继续创新和升级的压力。

最后，国内市场规模及市场潜力是影响一个国家制造业技术标准形成的主要因素。国内市场规模，在相当大程度上是决定一个国家有关产业、企业在国内市场上能否获得经济规模效益，实现低成本、大批量生产，并在此基础上走向国际市场，使自己的技术标准得到国际承认的关键因素。一项技术标准能否在市场竞争中得到承认，固然取决于该标准的技术是否足够先进，更取决于市场规模，没有足够大的市场规模支持、技术标准，难以实现规模经济，也就难以在竞争中胜出，两个条件中市场规模作用相对更大，因为对大部分技术标准而言，技术难度并非高不可攀，能否率先达到规模经济才是决定技术标准生死存亡的关键。除现实市场规模外，对新产品、新技术来说，市场潜在规模至关重要。尤其在原创性高新技术产业中，新技术、新产品应用在相当程度上是以潜在市场为目标的。潜在市场的可能性空间不仅对企业决策至关重要，对政府制定是否支持某种技术路线、某种产品的政策也具有决定性作用。

纵观诸多国内外原创性高新技术企业及其产业的发展，一般都是以本地市场为起步的，如美国的微软、日本的本田等汽车等企业。国内一些原创性高新技术企业近年来也以国内市场为起步，逐步走出了国门。浙江沁园水处理科技股份有限公司的发展，起步也是以其创新为基础，1998 年 6 月研制出世界上第一台饮水机专用净水器（A20 型），此后不断研发，目前已承担国家"火炬计划"项目、国家重点新产品项目等国家级科研项目 20 余项，拥有 300 余项国际、国内专利。2008 年，通过英联摩迪国际 ISO 9001：2000 和 ISO 14001：2004 体系认证。据中怡康数据统计，沁园净水器连续九年产销量第一，沁园家用水处理系列产品连续四年全国产销量第一。在本地市场获得成功的同时，不断开拓国外市场，目前该企业的产品已出口美国、日本、德国、加拿大等 50 多个国家和地区。可见，本地市场的发展为高新技术产业的发展提供了方向性的指引，使那些具有创新能力的企业具有更多的机会获得发展，并拉动了企业的创新，从而引导了原创性高新技术产业的方向。

第三节　原创性高新技术产业发展市场导向机制的微观基础和案例

72　　基于上述对市场作用机制的归纳，我们着重分析具有原创技术优势的科研院所如何发挥市场的作用。通过建立统一的理论模型来研究市场导向和创新导向融合的问题，以期得到技术和市场融合导向的均衡条件，并指出战略调整关键变量和步骤，从而在理论上弥补原有文献的一些缺陷。并以武汉邮电科学研究院为案例佐证理论模型的相关命题。

一　概念模型和假设

在这部分，我们将科研院所假定为技术和销售两个环节[①]，各环节对应技术部门和市场部门，分别负责技术研发和市场营销，构建基于能力、行为和绩效的技术和市场的融合导向模型（如图3－3）。

（一）技术部门的科研院所绩效机制

技术部门的主要工作是技术研发，从技术思维上看，缺乏市场的技术创新导向的企业往往奉行技术推动（technological push）逻

---

① 一般而言，技术部门只是企业产品生产流程的一个环节。就科研院所或者高技术企业而言，技术研发是产品生产环节的核心环节，将企业环节合并到技术环节甚至忽略并不会影响相应结论。

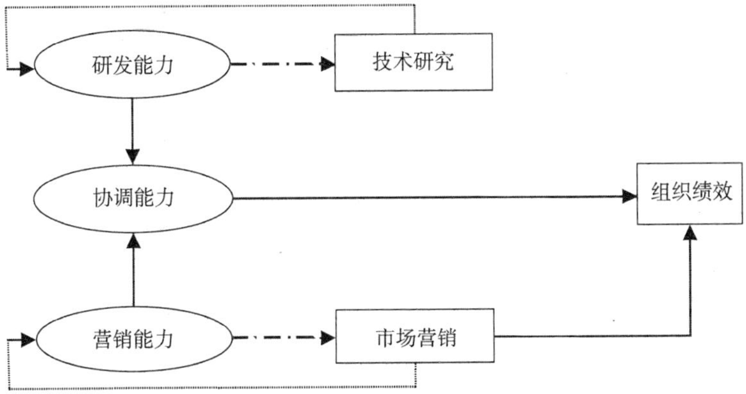

图 3 - 3 基于市场和技术互动的科研院所绩效概念模型

73

辑①。技术部门的能力主要体现在技术的新颖度，以及发现和研发新兴技术实力②，技术导向的科研院所倾向将尽量多的资源投入要技术部门③。因此，我们技术部门的绩效机制的逻辑是，在当前科研院所技术能力的约束条件下，通过研发资金的投入所能提高的由附加值表征的创新绩效。但是考虑到科研院所认知能力等因素的限制，研发资金投入对创新绩效的提高程度是递减的。同时，当期的技术研发所形成的知识、经验和伙伴关系等会提高下期的技术能力，即技术能力是有记忆的。

基于上述分析，我们提出以下假设。

假设 1：在当期的技术能力约束下，研发资金投入和创新绩效呈正向关系，并遵循边际递减规律。动态地，当期研发行为记忆式地提高下期技术能力。

---

① Zhou, K. Z. and C. K. Yim, et al.. The Effects of Strategic Orientations on Technology – and Market – based Breakthrough innovations [J]. Journal of Marketing, 2005（2）.

② Srinivasan, R. and G. L. Lilien, et al.. Technological Opportunism and Radical Technology Adoption: An Application to E – Business [J]. The Journal of Marketing, 2002（3）.

③ Gatignon, H. and J. Xuereb: Strategic Orientation of the Firm and New Product Performance [J]. Journal of Marketing Research, 1997（1）.

（二）市场部门的绩效机制

市场是指发现并对客户需求进行积极回应的能力①，这种能力是综合性的，其中包括了 Narver 和 Slater（1990）指出的关注顾客导向、竞争导向、部门间协调等文化层面的营销能力②，以及 Kohli 和 Jaworski（1990）关注的信息产生、传播和反应等行为层面的营销能力③。因此，技术部门的绩效机制逻辑是，在当前科研院所营销能力的约束条件下，通过营销资金的投入所获得的客户量。但是考虑到市场总量有限等因素的限制，营销资金投入对营销绩效的提高的程度是递减的。当然，营销能力也是动态变化的，随着组织市场营销行为的不断进行其营销能力也不断得到加强，同样具有自我增强的动态特征。

基于上述分析，我们提出以下假设。

假设 2：在当期的营销能力约束下，营销资金投入和营销绩效呈正向关系，并遵循边际递减规律。动态地，当期营销行为研发记忆式地提高下期技术能力。

（三）协调能力对组织绩效的影响

就协调能力而言，技术只有符合市场的需要才能实现其经济价值④，而实现匹配的信息来源于技术部门和市场部门的互动和交流⑤。事实上，市场部门和技术部门之间的沟通，既有利于技术创

① Day, G. S. The Capabilities of Market – driven Organizations ［J］. The Journal of Marketing, 1994（4）.

② Narver, J. C. and S. F. Slater. The Effect of a Market Orientation on Business Profitability ［J］. The Journal of Marketing, 1990（4）.

③ Kohli, A. K. and B. J. Jaworski. Market Orientation：The Construct, Research Propositions, and Managerial Implications ［J］. The Journal of Marketing, 1990（2）.

④ Mowery, D. C. and N. Rosenber. Paths of Innovation. Technological Change in 20th – Century America ［M］. Century America, New York：Cambridge University Pres, 1998.

⑤ Lundvall, B. Innovation as an Interactive Process：From User – Producer Interaction to the National System of Innovation ［A］. C. G. Dosi, R. N. Freeman, G. Silverberg, L. Soete. Technical Change and Economic Theory Innovation as an Interactive Process：from User – producer Interaction to the National System of Innovation ［C］. 1988.

新的方向也有利于市场营销重点的把握[①]最终提高组织绩效[②]。同时，两个部门谈判能力越平衡更有利于促成好的协调结果。

基于上述分析，我们提出以下假设。

假设 3：组织协调能力提高是有利于组织绩效的，部门间能力越平衡则协调能力越高。

（四）组织绩效的形成机制

提高组织的绩效应该是市场导向还是技术导向的命题的争论逐渐减少，但是两者具体的关系仍然备受争议[③]。如 Christensen 和 Bower（1996）认为，过于偏重于市场导向不利于突破性创新的发生[④]，Han、Kim 和 Srivastava（1998）认为技术创新是组织绩效的主要因素[⑤]，而 Kirca、Jayachandran 和 Bearden（2005）则认为技术创新只是市场导向和组织绩效的中介变量[⑥]。尽管如此，但是技术和市场对组织绩效共同作用的观点受到普遍认同[⑦]。如拥有新兴技术的专利而获得更高附加值的研发行为，客户满意度提高而增加客户总量的营销行为，良好部门沟通使产品适销都有利于组织绩效的提高。因此，组织绩效可以从各个环节的完善来提高。

基于上述分析，我们提出以下假设。

75

---

① Auh, S. and B. Menguc. Top Management Team Diversity and Innovativeness: The Moderating Role of Interfunctional Coordination ［J］. Industrial Marketing Management, 2005（3）.

② Zahra, S. A. and S. Nash, et al.. Transforming Technological Pioneering into Competitive Advantage ［J］. The Academy of Management Executive, 1995（1）.

③ Atuahene - Gima, K. and A. Ko. An Empirical Investigation of the Effect of Market Orientation and Entrepreneurship Orientation Alignment on Product Innovation ［J］. Organization Science, 2001（1）.

④ Christensen, C. M. and J. L. Bower. Customer Power, Strategic Investment, and the Failure of Leading Firms ［J］. Strategic Management Journal, 1996（3）.

⑤ Han, J. and N. Kim, et al.. Market Orientation and Organizational Performance: Is Innovation a Missing Link? ［J］. Journal of Marketing, 1998（3）.

⑥ Kirca, A. H. and S. Jayachandran, et al.. Market Orientation: a Meta - analytic Review and Assessment of Its Antecedents and Impact on Performance ［J］. Journal of Marketing, 2005（2）.

⑦ 杜鹏、万后芬：《市场导向与创新导向的融合研究》，管理评论，2008（11）.

假设 4：组织绩效是技术部门的附加值、市场部门的客户量以及两个部门协调能力共同决定的，各因素的增量均能促进组织绩效。

二 数理模型和命题

根据假设 1，技术部门投入的绩效函数满足 $f'(\chi) \geqslant 0$，$f''(\chi) \leqslant 0$，具体形式设为 $f(\chi) = \chi^{\alpha}$，$\alpha \in (0, 1)$；根据假设 2，市场部门投入 y 的绩效函数为 $g'(y) \geqslant 0$，$g''(y) \leqslant 0$，具体形式为 $g(y) = y^{\beta}$，$\beta \in (0, 1)$；根据假设 3，协调能力由市场和技术两个部门的平衡关系决定，并正向地影响组织绩效，设定 $\delta \in [0, 1]$；根据假设 4，我们设定组织绩效是技术部门绩效、市场部门绩效和协调能力的乘积，具体采用柯布—道格拉斯函数形式。在组织的资金投入总量为 B 约束下，组织绩效最大化形式为：

$$\max \quad V = \chi^{\alpha} \cdot y^{\beta} \cdot \delta$$

$$s.t. \quad \chi + y = B \quad \cdots\cdots\cdots\cdots\cdots\cdots\cdots\cdots\cdots\cdots\cdots \quad (1)$$

（一）组织绩效最大化决策

根据约束条件下极值求解思路，我们由式（1）构造拉格朗日函数：

$$L = \chi^{\alpha} \cdot y^{\beta} - \lambda (B - \chi - y) \quad \cdots\cdots\cdots\cdots\cdots\cdots\cdots \quad (2)$$

由一阶条件：

$$L_{\lambda} = B - \chi - y = 0$$

$$L_{\lambda} = \alpha \cdot \chi^{\alpha-1} \cdot y^{\beta} \cdot \delta - \lambda = 0$$

$$L_{\lambda} = \beta \cdot \chi^{\alpha} \cdot y^{\beta-1} \cdot \delta - \lambda = 0 \quad \cdots\cdots\cdots\cdots\cdots\cdots \quad (3)$$

通过对式（3）求得

绩效最大化时的研发投入、市场投入和绩效为：

$$\chi^* = \frac{\alpha}{\alpha + \beta} \cdot B$$

$$y^* = \frac{\beta}{\alpha + \beta} \cdot B$$

$$V^* = V \ (\chi^*, \ y^*) \ = \alpha^\alpha \cdot \beta^\beta \cdot \left(\frac{B}{\alpha + \beta}\right)^{\alpha + \beta} \cdot \delta \quad\cdots\cdots\cdots\cdots (4)$$

由式（4），我们得到$\dfrac{\chi^*}{y^*} = \dfrac{\alpha}{\beta}$。

由二阶条件，拉格朗日函数的加边海塞矩阵为

$$D^2L \ (\lambda, \chi, y) = \begin{pmatrix} 0 & -1 & -1 \\ -1 & \alpha \ (\alpha-1) \ \chi^{\alpha-2} y^\beta \delta & \alpha \beta \chi \ (\alpha-1) \ y^{\beta-1} \delta \\ -1 & \alpha \beta \chi^{\alpha-1} y^{\beta-1} \delta & \beta \ (\beta-1) \ \chi^\alpha y^{\beta-2} \delta \end{pmatrix}$$

由 $\alpha, \beta \in (0, 1)$，得到 $D^2L \ (\lambda, \chi, y)$ 是半负定的。因此，我们得到以下命题：

命题1：组织各期分别存在唯一的最优资金投入组合，资金投入比率和对应投入的绩效弹性相等。

（二）组织能力变迁的比较静态分析

我们首先分析下期组织协调能力与当期相同，即不变。根据包络定理得：

$$\hat{V}_\alpha^* = \ln \frac{\alpha B}{\alpha + \beta} \cdot V^*$$

$$\hat{V}_\beta^* = \ln \frac{\beta B}{\alpha + \beta} \cdot V^* \quad\cdots\cdots\cdots\cdots\cdots\cdots\cdots\cdots\cdots\cdots (5)$$

由式（5）得 $\dfrac{V_\alpha^*}{V_\beta^*} = \ln \dfrac{\alpha B}{\alpha + \beta} \ \bigg/ \ \ln \dfrac{\beta B}{\alpha + \beta}$，那么，若 $\alpha \geq \beta$，则 $V_\alpha^* \geq V_\beta^*$。通过以上分析，我们得到以下命题：

命题2：若组织的协调能力不变，那么某种能力提高呈现马太效应，即倾向于进一步提高初始能力较强的该种能力，形成组织的核心能力。

（三）组织行为的动态调整

进一步地，若假定组织的创新能力高于市场部门的组织能力即，并设定协调能力的具体形式为 $\delta = e^{1-\frac{\alpha}{\beta}}$。那么

$$\hat{V}_\alpha^* = \left(\ln \frac{\alpha B}{\alpha + \beta} - \frac{1}{\beta}\right) \cdot V^*$$

$$\hat{V}_\beta^* = \left(\ln \frac{\beta B}{\alpha + \beta} - \frac{\alpha}{\beta^2}\right) \cdot V^* \quad\cdots\cdots\cdots\cdots\cdots\cdots\cdots (6)$$

分析式（6），只要投入足够大，那么可以保证 $\hat{v}_\beta^* \geq 0$；而 $\beta \rightarrow$ 0 时，$\hat{v}_\alpha^* < 0$，随着 β 越接近 α，$\hat{v}_\alpha^*$ 更有可能大于 0。通过以上分析，我们得到以下命题：

命题 3：当某一部门能力极低时，加强该部门的能力会促进组织协调能力，从而提高组织绩效。

尽管数理上存在一个确定的相对能力提高的幅度及其相应的策略，但是在实践中如此精确的幅度难以把握，以致具体策略上也存在一定的误差。因此，由于阶段性的误差会到时组织能力差异的波动，最终会导致组织协调能力的波动。通过以上分析，我们得到以下命题：

命题 4：组织各部门动态的能力调整形成市场和技术互动，可以不断提高组织的绩效。

三 案例分析：武汉邮科院的转型及其启示

武汉邮电科学研究院（武汉邮科院）于 1974 年正式成立，经过 30 多年的发展，已形成覆盖光纤通信技术、数据通信技术与无线通信技术三大产业的发展格局，是目前全球唯一集光电器件、光纤光缆、光通信系统和网络于一体的通信高技术企业。武汉邮科院的发展历程主要经历了技术导向、市场导向和互动融合三个阶段，实现科研院所市场化的成功转型。

第一阶段（1974—1984）：技术导向战略，实现技术领先

武汉邮科院建院后，科研院所特有的荣誉感和使命感，在技术上一向精益求精，对于技术指标的要求，一向非常严格。因此往往开发出的产品能够达到很高的技术水平。

通过自主创新，武汉邮科院取得了光通信领域多个第一，如 1976 年中国的第一根符合国际标准的实用化光纤在武汉邮科院诞生，首创我国实用化光纤的制作方法和制造设备；1981 年在中国率先开发出光纤通信用长波长光器件；1982 年开通中国第一个光纤通信系统工程，中国开始走进数字通信时代①。因此，武汉邮科院在技术战略导向时期，在光通信领域的技术成果无论数量还是创新高度都是国内领先的，在技术创新过程中同样积累了较强的技术能力。

　　然而，技术战略同时导致技术与市场的脱节。这样的脱节主要表现在：一是技术高度的评价以技术的创新程度为标准，具体视其是否为国内或国际第一；二是技术发展路径以主导或者参与国际技术标准，而并非以市场需求为导向；三是技术细节为考虑，例如产品尺寸的微调就有可能带来某一模块的全面修改；四是研究所经费来源以科研经费申请为主导，并不通过技术产业化来获取。技术与市场脱节看似技术导向战略引起的后果，但根本原因是科研院所的定位和体制使然。

　　技术导向战略时期，武汉邮科院的技术导向战略适应了科研院所绩效评价机制，形成"经费拨款支持研发投入，研发努力形成高新技术、高新技术实现增拨经费"的良性循环，科研院所的技术水平和技术能力不断提高。同时，技术至上的循环与市场几乎完全脱离，科研院所的市场营销能力也没有形成。

　　第二阶段（1985—1999）：**市场导向战略，实现体制机制变革**

　　1985 年，中央颁发了关于科研院所体制改革的决定，明确了科研院所体制改革的方向。武汉邮科院党委根据中央精神及时制定了《院综合体制改革方案》，提出了以改革总览全局，促进科研、生产、开发工作的发展思路。1986 年，原邮电部对武汉邮科院明确提出平均每年按 20% 幅度减拨经费，1990 年要实现自给。1987年，武汉邮科院坚持科研面向邮电建设主战场加快科技成果向生产力转化，加快中试开发速度，不断为民族工业发展和市场需要推出新成果、新产品，促进光纤通信产业在现代化建设中超前发展，武

----

　　① 资料来源：武汉邮电科学研究院主页：http://www.wri.com.cn/about/events.shtml。

汉邮科院开始实施市场化导向战略。

从 1988 年开始，武汉邮科院为适应市场化导向策略，内部进行了重大调整。具体为：（1）市场导向式研发。以市场需求为导向，紧跟世界科学技术发展动向始终不断地研究高新技术开发适销对路的新产品，把产品推向市场，占领市场。（2）专业化营销队伍建设。营销队伍主要负责市场调研与决策，广告宣传，工程设计，用户培训和售后服务。凡是用户选用该院的设备，该院便免费进行工程设计、安装调试、培训技术人员和售后服务。（3）科研生产基地建设。将研究院人下属的邮电部激光通信研究所、邮电部固邮件器体研究所、光纤光缆研究部、市场经营院部等若干部门，调整组合为光电端机、光纤度光缆、光电器件、光源器件 4 个复合型经济实体，各实体具备科研、开发、产业和营销 4 大功能。（4）技术市场化战略。为了迅速占领市场，在不断提高本院装备水平的同时，积极加强横向联合，与 10 多家工厂签订技术转让和散件组装合同，使这些企业完成了结构调整并带动了相关省光通信技术的应用。①

市场导向战略时期，武汉邮科院绩效目标设置的变革，市场导向被动地接受，技术和市场开始接轨。因此，武汉邮科院将技术至上导向战略完善为市场导向战略，并通过内部机构的调整，不断培育和发展应对技术产业化的市场营销能力。

第三阶段（2000 年至今）：互动融合战略，实现可持续发展

1999 年 12 月 25 日，武汉邮科院通过业务重组和股份制改造组建烽火通信科技股份有限公司，2000 年全面推进企业化转制，2001 年 8 月 23 日烽火通信科技股份有限公司成功上市，集资金 16.3 亿元。以此为契机，武汉邮科院逐步向现代企业集团转制，通过以市场和技术互动不断创造企业绩效。从 1999 年成立之初到 2011 年，营业收入取得了十年十倍速的增长，并将光通信系列产

---

① 逍遥：《武汉邮电科学研究院转制成功的秘密》，创新科技，2007（2）。

品打入海外六十多个国家，逐步向世界知名企业目标迈进。

技术的三大创新：（1）观念创新。烽火建立初期还留有科研院所的观念和习惯，为此，进行了一系列的创新。如产品立项及总体设计，必须包括可信的用户调查报告、竞争对手的产品特征报告和自身产品的差异性报告，否则不予审批。有如研发人员开始参与到与客户的沟通，并且开始关注客户的需求细节；而在研发的起点，公司就要求市场人员和生产人员的介入。（2）体制创新。技术信息从单一的原有国家部门申请项目拓展到符合客户市场需求开发项目、将原有技术以市场前景进行产业化改造，引入外力开发技术成果。（3）管理创新。为同时应对既有研发成果产业化和快速响应客户定制的技术研发，烽火通信借引入了 IPD 集成产品开发模式，据此建立了涉及市场需求、立项、研发、生产和客服的跨部门、跨系统的协同分工机制，并且建立了各团队内部的工作流程。

市场的三大导向：（1）以国际化导向扩大技术产业化的市场。在国内市场一直保持着超过 30% 的快速增长基础上，凭着"坚持走出去不动摇"的坚定信念，烽火通信的海外版图拓展也渐入佳境。如今，烽火已先后突破沃达丰、MTN、西班牙电信、意大利电信等跨国主流运营商，逐步实现了从游击站到阵地站，从专网到主流运营商的转变，其光网络、光接入、光纤光缆、数据全线出口，海外代表处扩张到 17 个，国际市场营销和服务体系更加完善，逐渐成为我国民族通信产业迈入国际市场的一股重要力量。（2）以信息化导向开拓新的技术领域。在大力拓展国内、国际市场的同时，烽火通信还积极把握国家信息化相关政策及运营商转型的市场机会，发展系统集成、业务与终端类相关产品，大力拓展信息化大市场。2008 年，烽火通信成立了业务与产品应用部，以开拓家庭网络市场。2011 年初，针对广电、电力、高铁等行业信息化市场蓬勃增长的趋势，成立了行业网营销中心。目前，烽火在信息化大市场开始稳步推进，其主导产品先后进入到国家电网和南方电网的干线工程，并广泛服务于北京奥运、上海世博、南水北调、青藏铁路等重大国家项目，与此同时还在家庭网络、融合视讯、移动信息化、电信增值业务、光配线等领域形成了稳健的发展势头，品牌影响力进一步提升。（3）以产业化导向开发已有技术成果。为了使研发更有效面对市场、支撑市场，充分激活沉淀的研发潜力，烽火通信从 2007 年起，开始改变传统研发模式，全面推进 FPD（基于市场的研发管理体系），形成了以产品开发为纽带，实现市场、研发、制造、采购、客服等相关部门有效协作、知识共享的研发信息平台。

82　　自企业化改制以来，烽火通信不断加强技术优势、核心技术和关键技术的积累和研发能力的提升。通过自主创新促进公司的产业技术升级，继续保持行业技术领军位置，做大做强光通信这一主业①。同时，通过市场的实践和经验的积累，形成市场信息引导技术研发，原有技术市场开拓的市场战略。在此基础之上，通过以市场和研发之间的互动和融合，大力拓展国际化和信息化大市场，培育新的业务增长点，以形成对主业的有效补充。

四　案例的启示

通过对武汉邮科院的转型发展的案例，为技术领先型科研院所等单位绩效提升提供了一个样本，也从一定程度上证实了我们提出的若干命题。（1）技术导向战略时期的启示。该时期，科研院所营销能力没有形成而研发能力很高，并且由于绩效评价体制的导向，科研院所几乎将所有资金投入了技术部门，并且形成了自强化的循环。技术导向战略证实了命题 1 和命题 2。（2）市场导向战略时期的启示。该时期，科研院所绩效评价面临市场的考量，市场部门的营销能力相对于技术部门的营销能力差异极大。此时机构变革

---

　　①　事实上，烽火通信建立依赖，其光通信领域仍然位居全国前列，创造了技术、设备和标准等多个国内和国际第一。详见公司网站：http：//www.wri.com.cn/about/e-vents.shtml。

主要是为了组建市场部门及提高市场营销能力。通过一系列改革，以市场化考量的科研院所绩效大幅度提高。市场导向战略及其绩效的提高证实了我们提出的命题3。（3）互动融合时期的启示。该时期，通过市场部门的不断完善，市场能力快速提高，其协调能力能较好地实现技术部门和市场部门之间的沟通。各部门在自身能力发展的基础上，通过市场和技术之间的互动实现动态调整，不断提高绩效。同时，武汉邮科院通过不断加大队技术研发资金的投入，积极保持和加强技术上的优势，形成科研院所的核心能力。技术导向战略证实了我们提出的命题4和命题2。（4）有序推进的战略调整。武汉邮科院的转型发展的初始条件是技术领先，市场几乎空白，技术与市场相脱离。该院为积极应对面向市场的新调整，首先做了市场导向的战略调整，而后集中大部分资源培育和发展市场能力，在市场能力和研发能力匹配后，实施互动融合战略。应该说，武汉邮科院的战略调整及步骤适应了市场化的要求，科研院所绩效稳步提高。该院不同阶段的战略设置，对于处于相应阶段的科研院所在战略调整时具有一定的参考价值。

　　通过理论模型的分析以及武汉邮科院的解剖，可以得出以下几个结论：（1）短期看，对技术领先型科研院所，各时期由于市场能力和技术能力相对水平不同，投入各部门的资金存在一个最优的比率，相对能力越强则投入越多，这样能使科研院所绩效实现最大化。（2）若科研院所不特别注重部门能力的培养和协调，而是根据各部门当前的能力对资金进行分配，那么部门的相应能力会呈现马太效应。马太效应有利有弊，利在科研院所容易形成核心能力，而同时部门的过度不平衡发展会降低科研院所的绩效。（3）从科研院所长期发展来看，要积极利用马太效应形成科研院所的核心能力，同时要平衡科研院所不同部门相关能力的发展。特别地，当科研院所某部门能力极端低下时，则要进行重点扶持。（4）从科研院所的长远发展看，在各部门能力相对匹配时，科研院所要动态地调整各部门的相对能力，从而形成部门间相互促进，以市场拉动技术发展，以技术推动市场扩张，实现不断提高科研院所绩效。

（5）一般而言，科研院所在不同发展阶段，各部门之间的相对能力是不同的。因此，科研院所要根据当前绩效评价体系，通过考察部门间的相对能力，采取合适的战略导向，从而合理分配各部门的投入。这样有序推进的战略调整，可以实现科研院所绩效的稳步提高。

事实上，我们的分析是以技术领先型科研院所为样本进行推导和分析，若对模型进行拓展，只需调整模型相关参数的意义，其命题形式也是一致的。如互换市场部门和技术部门的对应参数，那么其命题甚至结论对于市场领先型企业也具有一定的参考价值。

第四节　原创性高新技术产业市场培育的国内外经验及其启示

发达国家的经验表明，政府采购等各种政策对加快原创性高新技术产业发展发挥着重要作用。相对而言，我国支持原创性高新技术产业发展的相关政策还相当薄弱。我们应该借鉴发达国家的成功经验，有效调动各种社会资源，全力推进原创性高新技术产业的发展。

一　促进原创性高新技术产业市场发展的国内外经验

为了争取产业竞争的主动权，发达国家一直从多方面支持和促进高新技术产业的发展，这些措施的实施取得了显著效果。

（一）利用政府采购扶植本国产业发展

政府采购政策是通过政策法令规定，凡用政府基金购买供政府消费或供公共工程项目使用的商品或服务时，应优先使用本国产品或服务的政策措施。在高技术日益成为西方各国竞相争夺的制高点的时代背景下，各国政府又进一步做出规定：用政府基金对样品和样机等中间研究成果、技术诀窍及关键技术部件进行优先招标采购,以鼓励本国企业的技术创新活动。通过政府采购扶持原创性高新技术产业化是世界上主要发达国家采取的手段之一。美国制定了《购买美国产品法》,联邦政府机构在采购产品时,必须购买美国产品,要求产品在美国生产且美国零部件成本占产品总成本的50%以上。政府采购政策在美国的半导体、集成电路、软件、计算机以及航空等产业早期的发展中起到了关键作用。政府采购降低了这些产品早期进入市场的风险,通过政府采购,使军事和空间方面的高新技术得以向民用市场扩散。韩国政府则实行"三购政策",即首购、订购、采购,以政府采购鼓励使用本国产品,逐渐培育国内市场。同时韩国还通过税收优惠、民族凝聚力宣传等方式鼓励使用本国产品,形成以购买和使用本国产品为荣的民族情结。日本采取政府优先采购本国有自主研发的产品,甚至以高于市场价进行采购以扶持本国企业;在政府采购的招投标设计上倾向本国企业,甚至拖延对外国企业的信息发布,以帮助本国企业中标;通过低息贷款、税收减免等手段鼓励使用本国产品。

(二)通过财税政策推动产业发展

各国历来高度重视原创性高新技术产业发展。特别是 2008 年国际金融危机爆发后,为应对危机,世界各国纷纷采取"刺激经济"的政策措施,支持本国走出经济衰退。美国以复兴制造业为核心,推动对国内工业尤其是制造业高速增长。2009 年 2 月 15 日,美国总统奥巴马签署了总额为 7870 亿美元的《美国复苏与再投资法案》,其中新能源为重点发展产业。在税收优惠上,对从事可再生能源和新能源研究的公司提供税收抵免,并将研究及实验性税收抵免固定下来;对先进制造业实施税收抵免政策,以 7000 美元的抵税鼓励消费者购买节能汽车等政策措施。欧盟制定了发展"环保型经济"的中期规划,实施了欧洲物联网行动计划。德国政府批准了总额为 5 亿欧元电动汽车研发计划预算,支持包括奔驰公司在内的 3 家研究伙伴,实施锂电池产业化生产,推动电动汽车产业发展;法国宣布建立 200 亿欧元的战略投资基金,主要用于支持能源、汽车、航空等战略企业发展；英国启动了一项批量生产电动车、混合燃料车的"绿色振兴计划"。日本政府实施财政补贴支持原创性高新技术产业发展。

（三）开辟风险投资渠道推动产业发展

风险投资作为支持高新技术风险企业的一种重要资金来源，其活跃程度直接关系到原创性高新技术产业发展的大局。因此，各国政府大力培育风险投资，纷纷组建风险投资公司，完善风险投资体制。为了壮大风险资本，提高民间参与风险投资的积极性，美国政府采取了提供贷款担保和直接注入启动资金的举措。1958 年美国迫于来自苏联的原创性高新技术产业竞争压力，成立了风险投资体系典型代表的中小企业管理局（SBA），主要职责是为高新技术中小企业提供银行贷款担保，贷款在 15.5 万美元以下的提供 90% 的担保，贷款在 15.5 万美元以上的提供 85% 的担保。同年美国国会通过了中小企业法案，同意批准成立中小企业投资公司在（SBIC）为支持其发展，允许 SBIC 每注入一美元的资金就可以向中小企业管理局借 4 美元的低息贷款，这一举措强烈激励了 SBIC 的发展，仅 5 年中就成立了 629 家 SBIC，拥有资金 4.64 亿美元。1978 年，美国马萨诸塞州成立了州技术发展公司，由州政府提供风险资金，由此吸引更多的民间资本，1978—1985 年，该公司平均每一美元的政府投资就吸引私人资本 5.5 美元的民间资本，使该州风险投资的规模迅速扩大。1978—1980 年间，美国劳工部对《雇佣退休收入保险法案》中的"审慎人"及"计划资产"等项目进行了修改，允许养老基金进入风险投资领域，缓解了风险资金不足的矛盾，如今养老基金为美国风险投资提供了将近一半的资金来源。完善风险投资体制的关键是建立适合中小高新技术企业融资和风险资本退出的"二板市场"，此类市场的特点是股票发行标准低于一般证券市场。1971 年美国政府成立了二板市场即 NASDAQ 市场，与纽约交易所相比，NASDAQ 上市的标准较为宽松，上市费用比较低廉，为尚不具备在证券交易所上市的成长中的高新技术企业打开了方便之门。日本政府于 1983 年在大阪、东京和名古屋设立了二板市场，允许市净值 85 万美元以上，税前利润率 4% 的公司都可以上市。

（四）发展技术市场提高产业化率

尽管发达国家的技术市场兴起有早有晚，但一个国家真正的技术市场形成和发展与该国的保护技术权益的相关法律制度的完善密不可分。各国技术市场的发展特征也各有不同，尽管价格形成机制是自发的，但政府可以通过对技术市场参与者的政策影响来实现调控功能，为技术市场的建立和交易成本的降低提供保障。发达国家积极探索技术交易市场化管理方案，除建立中介机构外，发达国家还建立了多元化的技术转让市场，为企业提供更为便捷的成果转化服务。如韩国政府建立知识产权市场和网上专利技术市场以及技术项目和股权交易平台，促进专利技术的转让。以日本政府对技术供给方的政策支持为例，日本政府对研发机构及其他技术供应方的扶持包括直接资助与间接资助，直接资助包括研发委托合同方式，政府机关供应和长期低息贷款；间接资助则包括交付补助金，税制优惠和保险金负担方式。发达国家主要是通过法律与制度来管理技术市场的，政府主要运用法律与制度对技术交易者起到约束的作用，具体的技术交易则由技术供给方、技术需求方和技术中介机构之间围绕技术市场自行完成。事实上，发达国家的政府并未直接管理技术市场的每一笔交易，甚至技术市场也可能是一种交易关系与虚拟的场所，政府只是制定了相应的政策法规来约束或者推动技术交易的完成，而并不在具体某类有形技术市场的建设上给予特别的关注，因为在相关制度与法律完善后，有形的市场可以由多种组织以多种方式去建立，政府的介入反而有可能影响这种有形市场构建的效率。同样，对于具体技术的定价，政府不可能给予引导价或者指导价，因为这是不现实的。事实上，只要技术双方对技术市场的信息比较了解，市场上自发形成的技术价格就是技术在市场中的价值体现。尽管在某一个时期，某一项技术可能存在技术价值低估或者高估的现象，但从较长时期的技术总体而言，技术价格一般能够反映供需双方对技术价值的理性估计,所以价格不会偏离其应有价值太远。总之,政府制定的各种法律与制度约束对价格形成的合理性有很强的作用,即通过政府的政策与制度对技术市场的具体交易行为及交易者产生影响。

二 国内实践启示

在系统梳理国内外通过财政、税收和金融等政策支持原创性高新技术产业发展,我们认为,对我国如何从市场机制角度支持原创性高新技术产业发展有诸多启示。

(一) 灵活实施政府采购制度,引导和培育产业发展

原创性高新技术产业投入大,生命周期短,更新换代快,尤其是早期市场需求小,风险大。因而各国政府十分重视政府采购,鼓励原创性高新技术产业的发展。随着 WTO 《政府采购协议》的实施,发达国家要求采购自由化、国际化,发展中国家人微言轻弱势群体,要求政府采购保护本国产业,尤其是原创性高新技术产业的发展。即使是发达国家,对其他国家政府采购要求自由化同时,对自己的政府采购却采取种种措施,保护本国的原创性高新技术产业。值得注意的是,WTO 《政府采购协议》的有关条款的灵活性,成了各国"保护主义"的借口。这导致在相当长时期里政府采购呈现自由化与保护主义并存的新特征。

各国政府为此在高喊政府采购自由化,建立和完善政府采购制度的同时,实行倾斜性策略,使政府采购成为有效保护原创性高新技术产业发展的重要手段。具体表现为,规定国际采购的本地含量,给予本国企业的一定的价格优惠,优先购买本国产品,在一些领域限制或禁止外国企业进入,利用政府采购方法的选择来保护本国产品,对国外供应商提出附带条件等。在政府采购的倾斜政策中重点保护高新技术中小企业。尤其使设置独立中小企业管理机构,帮助高新技术中小企业参与政府采购的竞争,将政府采购承包合同尽可能划出较小的分包合同给予中小企业,并为中小企业提供资信

证明等。

（二）积极参与风险投资，完善风险投资环境

从美国风险投资发展经历来看，在风险投资发展的早期，政府在培育风险投资方面担当着非常重要的角色，不仅投入种子资金引导民间资本进入风险投资领域，而且完善风险投资体制，特别是建立了供中小高新技术企业融资和股权转让的二板市场，可以说风险投资的繁荣与政府积极参与是分不开的。当然，政府的直接参与只适合于风险投资市场发育的早期，从长期发展来看，它并不符合风险投资的特点和发展规律。这是因为，在风险投资市场发育的初期，市场中风险资金来源渠道少，风险资金没有形成一定规模，风险企业难以从市场中获得足够资金。这时，政府就必须积极参与风险投资，提供启动资金、优惠贷款和信用担保，吸引民间资本参与风险投资，从而为风险投资营造良好的开端。但从本质上看，风险投资是一种商业行为，而非政府行为，所以随着风险投资市场的逐渐完善，政府应逐步退出风险投资者的行列，不能越俎代庖。目前我国风险投资处于起步阶段，还没有形成稳定和成熟的风险资本市场，政府积极参与风险投资具有非常重大和深远的现实意义。

（三）深入财税政策改革，加大财税投入力度

目前，我国原创性高新技术产业仍处于初级发展阶段，高新技术企业的创建、技术的开发都需要长时期大量的资金投入，企业承担着很大风险，完全依靠自身积累和投入是难以承受的。此外，企业科技创新，产业结构调整和升级受到极大的制约。这就需要大量的资金作为其保障。在我国科技资金投入中，目前财政资金仍是主渠道，加大财政资金的投入对原创性高新技术产业的发展起着极为关键的作用。此外，原创性高新技术产业发展的高效益前景可以扩大税基，使财政收入的提高成为可能，从而形成科技产业与财政的良性循环。因此，财政部门应按公共财政框架的要求调整支出结构，在有限的财力中尽可能地保障原创性高新技术产业的投资需求，促使其快速发展。

对于税收优惠政策，可借鉴发达国家经验，应实现税收优惠方式由单向向多样的转变，由侧重直接优惠向间接优惠转变。调整现行研究与开发支出的费用扣除方法，对只要是研究与开发费用超过上年定比例（如 20%）的企业，无论其是否盈利，都可享受150%的税前扣除优惠。企业因当年亏损或盈利部分足以抵扣规定扣除额的，可以往后结转。用于科技研究和开发的仪器设备等固定资产实行加速折旧制度，建立科技发展准备金制度，以此来促进原创性高新技术产业的迅猛发展。

（四）积极探索技术市场新模式，促进技术供需双方沟通

90

长期以来，国家支持技术密集型产业更多的是从供给方出发，通过提供公共研发支出和促进产学研合作，以期加快由研究到产品商业化的周期，但在政府有了大量的财政投入的情况下实施结果并不十分理想；尽管也有一些基于需求方的政策如政府采购、补贴厂商等，但由于政策缺乏系统性和科学性，所带来的市场效果并不明显。

由于技术创新活动是由创新供给方和创新需求方共同作用而激发的，创新供给方，即创新主体通常是企业和科研院所、高校等，创新需求方则是创新的购买者，因而政府可以从两个方面来激励创新：一是对创新供给进行激励；二是对创新需求进行激励。前者可称为供给导向的创新政策，后者为需求导向的创新政策。目前许多国家或地区的创新政策都是供给导向和异质需求导向。例如，政府通常制定向企业和科研机构提供公共资金资助的政策工具，包括资助高校的基础性研究以增加对企业基础性知识的供给，资助国家实验室的定向研究以增强面向民用目标的技术溢出以及制定有关知识产权保护的法律、法规等。

第四章　原创性高新技术产业
发展的组织机制

技术转化与创新同组织变革与创新相伴而生，只有对原创性高新技术产业发展进行有效组织，才能实现其健康快速发展。传统的对组织创新与技术创新的关系研究主要以技术创新为切入点，将研究前提定位于组织创新依附于技术创新而存在，集中在组织创新如何配合技术创新并推动技术创新的实现。随着企业的创新实践以及学术界对于技术创新和组织创新研究的不断深入，对于企业创新的认识已不再局限于单纯的技术（包括产品或工艺等）要素的创新，而是通过组织与技术的协同创新实现企业创新。换言之，组织创新与技术创新的平衡协调是企业创新制胜的关键，两者相伴而生。

第一节　原创性高新技术产业组织的发展趋势与内涵

技术创新轨迹的演变以及技术创新面临的困境使得企业组织结构呈现新的演进趋势。传统企业的组织结构不仅与外部环境之间存在着明确的边界，而且在组织内部部门与部门之间常常也是界限分明。如今随着科技的飞速发展，新产品不断问世，产品寿命周期相应缩短，无边界化成为企业适应市场变化的新趋势。

一　原创性高新技术产业组织的现代趋势

当前，企业内部组织结构主要表现为管理层次的减少和管理幅度的扩大，结构形态从金字塔形向横向形转化。在企业组织结构的垂直边界和水平边界不断渗透的同时，组织的外部边界和地域边界也发生了变化，开放性和模糊化是企业组织外部边界的显著特征。

（一）内部结构扁平化

越来越多的企业纷纷减少大量的中间管理层级，相对增加高层管理者的管理跨度，最高管理层到最低作业层的"指挥链"缩短。同时，组织内部实施决策分权化，在组织设计上增加决策点，淡化严格的层级领导和上下级的控制关系，取而代之的是权威领导和工作中的协调合作关系，将中高层管理职能逐渐转化成服务性质为主，最大限度地将管理活动留在"管理前沿单位"。由此，打破了垂直边界的严格等级界限，使得高耸的金字塔式企业转变成了扁平化组织。与此同时，为了有效降低组织内部水平边界的内耗，组织水平边界呈现出渗透的趋势，企业流程再造的思想就是要打破水平边界，实施跨职能的团队协作。

（二）产业合作网络化

在以知识为基础的经济和市场中，企业通过网络，穿越边界与环境相联系已成为最经常、最普遍的现象。一方面，企业将原来在企业内部的纵向链条上的生产过程分离出去，或者说从价值链体系的某些阶段撤离出来，转而依靠外部供应商来供应所需的产品、支持服务或者职能活动，形成纵向分离。另一方面，原有的竞争对手，或者不同产业的企业都因为技术、产品或业务的横向联系形成了新型竞争协同的网络关系。企业外部边界模糊使得组织与外部市场联系在一起，把整个组织的触角伸到了市场的各个角落，在合作过程中，企业期望利用其他企业的优势条件进行资源整合，在最短时间内强化自身核心能力，促进组织快速响应，从而创造出巨大的竞争优势。

（三）产业发展的空间集聚

计算机和通信技术的广泛应用，加速了信息的跨区域、跨组织流动，分隔的各国国内市场汇合成一个巨大的全球市场，大大促进了世界经济的全球化进程。然而，生产活动的全球化并没有使企业的生产经营活动在空间分布上趋于均衡，相反出现了相关生产活动的地理集聚现象。硅谷的半导体和信息产业、印度班加罗尔的软件产业、我国台湾新竹的计算机产业，中关村科技园，从世界范围看，产业的集群化发展已是一个非常普遍的现象，正如波特所指出的集群这种生产组织形式正在支配着当今世界的经济版图，它使全球经济中持久性的竞争优势根植于本地化关系之中。

二　原创性高新技术产业组织内涵

产业主体之间的资源有效配置是影响产业发展的关键，而产业 93
组织则是保障产业要素配置实现的载体，不同产业组织模式反映了产业内不同主体在价值链的不同位置以及对于资金、技术、市场、人才、服务等产业要素的不同需求。为满足特定需求，以企业为主导，包括政府、大学、科研院所、中介在内的各类产业主体不断进行产业组织的创新。

彭正文（2010）从资源聚合和目标收敛程度的角度将高新技术产业组织分为集中收敛型、分散收敛型、集中发散型和分散发散型①。所谓集中收敛型指集中产业优势资源，集聚了几家大型企业、科研院所，甚至组织全国的力量，用攻关的方式重点突破一个明确目标。分散收敛型是指资源分散但目标一致的组织模式，往往表现为实现一个明确的目标或发展方向，将一个项目分解成几个子课题，由不同企业或机构在同一时间内组织开发这个项目的某一子课题。集中发散型是指虽然资源集中，但目标分散的组织模式，常常表现在大型企业或研究机构中，这些大型企业或研究机构，拥有大量人、财、物和知识资源的，可以根据不同的研究领域和开发重点，成立不同的部门。分散发散型是指不仅资源分散、目标也分散的组织模式，高新技术园区中众多小企业组织自身资源进行技术创

---

① 彭正文：《高新技术产业的组织模式探讨》，湖南师范大学，2010 年。

新就是这种组织模式的主要表现。陈劲、金鑫等（2006）用动态交互式的观点分析突破性创新的不同发展阶段，提出了三种不同的产业组织模式：（1）小企业与大集团的二元产业组织或泛二元产业组织模式；（2）前向产业会聚的产业组织模式；（3）横向产业会聚的产业组织模式①。

此外，有些学者对于高新技术产业组织的定义宽泛，提出产业组织随着产业发展呈现演化的规律性。在创业初期，创业企业依赖孵化器、天使投资和大学科技园等组织形式，在成长期，创业企业依赖加速器、风险投资以及创业板等组织形式，产业联盟、专业园和产业链合作等组织形式则贯穿整个高新技术产业发展过程，保障产业内资源的有效配置②。

在网络化的大趋势下，高新技术产业组织出现了很多新的形式，比如企业分包、战略联盟、技术联盟、合资企业、创新网络等等，Inkpen 和 Tsang（2005）根据网络的结构化程度和连接关系，将主要组织形式划分为企业内网络、战略联盟、贸易联合体和产业集群等多种形式（如图 4 - 1），水平—垂直维度代表了网络成员在网络价值链中所占有的不同的位置。结构—非结构化代表了网络治理的结构化程度。在一个结构化的网络中，成员的地位以及成员之间的关系是界定清晰的，网络成员是为了获得一定的目的而被组织起来的。相反，则是非结构化的网络③。

产业组织为资源配置而存在，资源又为不同主体所掌握，故此本研究认为尽管产业组织形式众多，但依据主体类型可大致分为企业内组织，企业间组织、多主体混合型组织（见表 4 - 1），企业内

---

① 陈劲、金鑫、何郁冰、姚威：《突破型高新技术产业组织模式研究》，中国地质大学学报（社会科学版），2006（4）。

② 科技部火炬高技术产业开发中心：《北京市长城企业战略研究所中国增长极（高新区产业组织创新）》，清华大学出版社 2007 年版。

③ Inkpen and Tsang. Social Capital, Networks, and Knowledge Transfer [J]. Academy of Management Review, 2005, 30 (1).

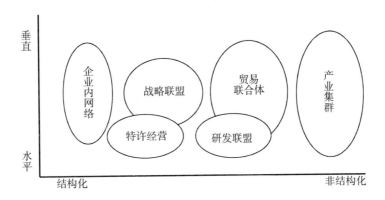

图 4-1　网络组织类型

组织主要指企业内部的关系安排，是产业组织中最为微观的层面，企业间组织包含企业研发联盟、战略联盟、模块化以及产业链整合等企业主体之间的资源配置方式。多主体混合型组织以高新园区、大学科技园及产业集群为代表，包含企业、政府、大学、科研院所、中介等各类产业主体，是产业中最为宏观层面的组织形式。

表 4-1　　　　　　　　　　　高新技术产业组织类型

组织类型	组织代表
企业内组织	企业组织结构、内部网络
企业间组织	研发联盟、战略联盟、模块化、产业链整合
多主体混合型组织	高新园区、大学科技园及产业集群

第二节　原创性高新技术产业发展的组织机制

发展原创性高新技术产业有必要对其遇到的组织困境进行解读，并从组织创新的内在机制和必要条件进行探讨，为发展原创性高新技术产业提供理论依据。

一　原创性高新技术产业发展的组织困境

原创性技术指企业依靠自身的努力和探索，实现核心技术或核心概念的突破，并在此基础上、在行业中依靠自身的技术能力，首次完成并首先实现商品化的技术①。原始性创新意味着在研究开发方面，特别是在基础研究和高技术研究领域做出前人所没有的发现或发明，推出创新成果，意味着打破了现有均衡状态，开启新的市场和潜在的应用，甚至引起人们生活方式乃至社会基础的变更。

除了传统产业要求的规模经济性之外，原创性技术产业发展还有着关联经济性、速度经济性和范围经济性等传统产业所不具有的特点。所谓范围经济性是指在高技术发展的技术经济系统动态过程中，带动其相关技术产业发展的经济性；关联经济性是指在高技术产业发展的技术经济系统动态进程中，每个创业周期之间，以及在单个创业周期内，创新的经济价值是相互关联的；速度经济性，即高技术产业发展是一个连续不断创新的高速发展链，一项高技术要在最短的时期内实现其产业化、规模化的创业，否则该项技术将很快被淘汰②。

可以看出，原创性技术或产业的发展不可避免是场竞争，其价值在于由原创性带来的市场垄断及其背后的巨大利益，这一特点使得原创性高新技术产业在开放式创新环境下面临显著的"创新困境"。

（1）知识获取与核心知识保护：在与外部企业合作过程中，企业间需要进行有效的知识交流与知识共享，合作企业以彼此的能力和知识作为杠杆来增强合作网络合作的竞争力和生命力，而信息和知识能否通畅且迅速地在各个合作成员之间流动是网络合作成败的关键③。然而，知识共享使得合作企业将自身关键技能和知识暴露给其他合作伙伴，将可能面临着知识流失风险。如果合作成员在最终产品市场上是竞争关系，就更加剧了知识流失风险的严重后

96

---

① 石林芬、胡翠平：《原创技术的基本特征与研发要素》，《管理学报》，2004（2）。

② 张陆洋：《高技术产业发展经济学特性的研究》，《中国软科学》，2001（3）。

③ Sakakibara, M. Knowledge Sharing in Cooperative Research and Development. Managerial and Decision Economics, 2003（24）.

果，最终将会导致竞争力的下降甚至是市场的丧失。特别是原创性技术为了实现产业化，在这个过程还进行主导标准的推广，让更多的企业采用这一创新体系，必然开展更大范围更深层次的知识交流。因此，企业一方面希望以更低成本获取并利用外部知识来进行技术创新；另一方面，为保证竞争优势的可持续性，又要极力保护核心知识不为竞争对手所得，陷入"两难"。

（2）竞争效率与协同性：原创性产业发展以主导设计的确定为分水岭，主导设计确定前产业处于混沌期，一旦主导设计确定，产业就进入了一个"顺轨创新"的时期。可以说，主导设计影响着企业的市场份额以及企业的生存，拥有主导设计的企业可以获得近乎垄断的巨大利益，影响着行业未来的发展趋势。被迫采用主导设计的企业，将严重丧失其原创技术的投资成本、学习成本和品牌，还可能被市场拒之门外[1]。正是由于主导设计经济效应的存在，产业领先企业之间的技术标准之争往往十分激烈。但是能否在主导设计中胜出，取决于合作方之间的创新的协同性。

（3）产业基础与创新激励：拥有技术上的突破性创新是原创性高新技术产业发展的必要条件，同时，技术的有效产业化也十分重要。高技术的技术价值不仅要有技术的先进性，还要有技术的成熟性和市场经济性。先进性高而成熟性差，不论市场经济性好或差的高技术，都是难以形成高技术产业，从而创造经济利润的。只有先进性、成熟性和市场经济性都高的高技术，才具有真正的高技术产业发展的价值。作为原创性技术，可以想象其产业配套是十分薄弱的，有效的选择将使原创性技术产业化面临巨大困境。为此，如何激励合作方加大专有资产的投入，提高创新成果质量，强化与核心技术的匹配性或者丰富产业配套来源成为原创性技术产业发展所面临的另一重大问题。

---

① Suárez, F. F. and Utterback, J. M. Dominant Designs and The Survival of Firms. [J]. Strategic Management Journal, 1995 (16).

二 原创性高新技术产业发展的不同层次组织保障

原创性高新技术产业发展具有的投入大、风险高、周期长等特点使其发展存在较多困境，传统产业组织无法适应，需要组织的创新，加强各类企业的创新分工与协作，使各类组织在资金、人才、文化等创新要素交互耦合。技术创新即一种新思想从它的产生，到研究开发、产品试制、生产制造、首次商业化及扩散的全过程。可见成功商业化是创新的一个必要条件。但是，创新的成功商业化要求与使用者的需要紧密结合，从而与使用者之间的接触与交流尤为重要。现在是一个依靠速度来竞争的时代，不确定性很高且产品生命周期短，因此必须存在一个适当的组织及时反馈信息，来纠正技术创新过程中的错误，以进行二次设计和迅速商业化。"潜在产品使用者—发明与设计—再设计—生产—营销之间的联系与反馈"构成了一个"链接过程"，它存在于企业内部各部门之间、企业与企业之间、企业与其他组织之间，贯穿着创新活动的始终。

（1）企业内部组织保障：企业内部组织是保障高新技术创新和产业化最为基础的单位。在技术创新过程中，企业内研发网络是重要技术创新源，Tsai 和 Ghoshal（1998）通过向一个大型跨国电子公司的所有业务部门发放调查问卷，分析了大型跨国公司业务部门中企业网络与资源交换和产品创新之间的关系，提出社会交互作用和信任显著地影响部门间资源交换的程度，从而影响产品创新[①]。技术产业化则是一个企业试错，市场选择的过程。不同企业选择了不同的技术路线或不同的商业模式实施技术转化，当大量企业就产品、技术、商业模式和战略开展竞争时，企业的组织机构将很大程度上影响企业竞争的效率，过于稳定的企业组织系统常常缺乏活力和应变能力，而长期混沌的组织系统则会陷于无序和混乱

---

① Tsai, W. and S. Ghoshal. Social Capital and Value Creation: The Role of Intrafirm Networks [J] . Academy of Management Journal, 1998 (41) .

中，甚至无法预测自己系统的行为。

（2）企业间组织保障：企业间组织同样是技术创新的重要来源，企业与网络中的供应商及客户之间的联系对企业技术创新影响非常大。与客户联系能够激起上游创新的作用相对应，而供应商则在下游创新中扮演十分重要的角色，相互之间的合作用于突破产业技术创新的关键性、共有性难题。依靠它们，企业不仅能够准时交付可靠的产品，而且还能够不断生产高质量、最新型的产品，创新的效率的产品得以极大地提高。不过，企业间组织更大的意义在于产业链的形成，一批选择了同一技术路线且处于产业链不同环节的企业逐渐走到一起，彼此结成以同一技术路线为基础的产业技术联盟，企业间竞争逐步上升了产业层次。王兴元和杨华（2005）指出产业链具有如下功能：优化链上产业和企业的信息流、资金流、物流以及人员流动；调节链上不同产业之间的利益冲突；利用产业聚集效应，可降低企业在生产经营中的交易成本，实现外部经济；促使链上产业以及企业在纵向和横向上实现整体联合，从而增强其整体竞争实力。高新技术产业链一旦形成，将会在较长时间内保持自动相互关联，从而使处于产业链上的产业发展具有一定的稳定性①。

（3）多主体混合型组织保障：原创型高新技术产业的产生，往往要经过一系列机制、体制的创新，从而形成了一个完整的创新生态环境，在这个生态环境中，企业是主体，但非企业主体则是重要组成部分，政府、大学、科研机构以及各类中介以各自的方式影响着产业的发展，政府履行公共服务职能提供公共产品和公共服务，维护市场秩序，确保公平竞争，建立有利于创新的体制和机制。大学为企业提供高质量的人力资本，同时也提供有待于产业化的前沿技术。各种科研院所承担技术孵化功能，与企业的合作中实

99

---

① 王兴元、杨华：《高新技术产业链结构类型、功能及其培育策略》，《科学学与科学技术管理》，2005（3）。

现创新与产业化。中介服务机构则是促进知识共享与知识扩散的重要载体。这些主体与企业间的有效合作将在很大程度上影响新兴产业发展状况。

表 4 – 2　　　　　　　　　原创性高新技术产业组织保障

组织类型	组织代表	不同层次组织保障作用
企业内组织	企业组织结构、内部网络	技术创新、商业模式创新、企业试错
企业间组织	研发联盟、战略联盟、模块化、产业链整合	技术创新、产业链建构
多主体混合型组织	高新园区、大学科技园及产业集群	技术创新、完整的产业发展生态环境

三　原创性高新技术产业发展的内部组织创新

（一）原创性高新技术企业内部组织与技术创新

早期研究者认为企业技术创新只是创新团队自己的事情，只要将团队内部的组织结构和管理模式安排好，就可以保证技术创新能够顺利地、高效率地进行而与企业组织的其他单位或部门关系不大。为了保证团队组织结构有利于技术创新，必须将团队建立成一种"全息的组织结构"。所谓"全息的组织结构"就是指团队有拥有创新所需的一切职能、一切资源，并能够模拟企业组织所处环境的所有特征。后来研究者则认为企业技术创新的成功不仅是创新者个人、创新团队成功运作的结果，更是企业组织结构整体合理安排的结果①。企业内部的分工情况、职责划分情况、单位或部门之间的信息沟通情况以及企业的正式制度和非正式的文化、规范以及经营宗旨都深刻地影响着企业技术创新的每一个方面和每一个阶段。Abernathy 和 Utterback 把产品创新、工艺创新和企业组织结构的变

---

① Abernathy, William and James Utterback. Patterns of Industrial Innovation [J]. Technology Review, 1978（6）.

化分为序贯变化和截面变化两种。就序贯变化而言，有三个明显的阶段，它们分别是：流动阶段、过渡阶段、明确阶段。随着技术创新阶段的不同，企业组织也会有相应的改变。在流动阶段，企业组织结构强调的是工作的不断变更，没有等级制，有很高的创新能力，权利集中在有创新精神的企业家手中，组织是有机的。在过渡阶段，个人对企业组织结构的依赖逐渐加强，企业组织结构强调协调、控制，人员壮大了，权力转到有管理能力的人手中。在明确阶段，企业组织结构强调目标控制、结构安排和规章制度的作用，企业内部的操作任务是程序化的，企业组织结构具有机械化的特点。总之，随着企业技术创新阶段的转移，企业组织结构整体要发生相应的变化，只有这样才能够促进技术创新进程的顺利发展。

（二）组织内学习对原创性高新技术创新的作用

企业内部组织促进原创性技术创新的关键在于促进了组织的有效学习。原创性技术创新的过程是学习与技术诀窍的积累过程，组织学习涵盖了知识获取和知识应用两大要素，获取新知识的能力是企业借以实现竞争优势的极为少数的几个核心战略性资源要素之一，而技术创新本身就是通过应用新知识而实现的。Stata（1989）研究发现组织内学习可导致技术创新，尤其是在知识密集产业中，通过个人与组织的学习进而引导的创新，是组织中可持久竞争优势的来源[1]。组织内学习包括企业在其文化中产生、供应和组织与活动相关知识和惯例的方式，通过发展工作队伍中的广泛技能来调整和发展组织效率。组织内学习有助于组织中的行为的改变，而技术创新是对组织中技术资源整合范式的革新，必然表现为组织成员在思想和行为上的改变，这一改变的顺利与否受到组织内学习成效的影响，从而一定程度上决定着技术创新的成败。Glynn（1996）认为组织的学习能力不仅会影响创新的初始阶段，也会影响创新的执

---

① Stata, R. Organizational Learning – The Key to Management Innovation ［J］. Sloan Management Review, 1989, pp：63 – 74.

行阶段①。Foster（1986）从学习经验曲线的概念推导出产品创新的 S 形学习曲线②。而 McKee（1992）以 Foster 的模式为基础，指出不同的组织学习形态会导致不同的创新形态，如单循环学习只会导致增量的创新，而不连续的创新则需要双循环学习才能够实现，可见组织内学习对组织创新有促进作用③。

学术界对组织学习的关注最早可以追溯到 1958 年 March 与 Simon 的研究，Argyris 与 Schon 于 1978 年正式提出了组织学习概念，认为组织学习就是"发现错误，并通过'组织应用理论'的重构而加以修正的过程"。在早期研究中，学者主要关注组织内部的学习，随着战略联盟、企业网络理论的发展，组织学习的研究视角也得到了相应的拓展，开始关注组织如何通过组织间正式合作来彼此学习。Lane&Lubatkin（1998）认为组织学习是个体、团队和组织间持续的、双向的互动过程④。Bernard L. Simonin 也指出，"对组织如何通过战略联盟从合作伙伴那里学习和拓展新的竞争力的兴趣已经导致一股独特的研究潮流。这种研究探索如何在国际合资企业中进行知识管理，如何在伙伴间实现知识转移，如何通过合资企业本身从伙伴那里取得知识。"

（三）原创性高新技术企业内部组织的形态要求

组织学习得以实现的一个重要条件就是企业拥有一个与学习过程匹配的组织结构。知识的解释、分享、转化和吸收依赖于内部的结构、文化和交流机制。只有开放的、灵活的并且能够使得知识信息顺畅流动的组织结构才能有利于组织形成"开放的心智"，成员

---

① Glynn, M. A. Innovative genius: A Framework for Relating Individual and Organizational Intelligences to Innovation [J]. Academy of Management Review. 1996, 21 (4).

② Foster, G. Financial Statement Analysis [M]. Englewood Cliffs, NJ: Pentice – Hall, 1986.

③ McKee, D. An Organizational Learning Approach to Product Innovation [J]. Journal of Product Innovation Management, 1992 (9).

④ Lane, P. J. & Lubatkin, M. Relative Absorptive Capacity and Interorganizational Learning [J]. Strategic Management Journal, 1998 (19).

才能愿意贡献自己的知识，并能够顺畅地从组织或其他人那里获得知识，促进知识信息的转化。如果组织结构是封闭和僵化的，会阻碍组织学习过程的实现。Damanpour（1991）用 12 个指标从企业领导者的领导风格、雇员的自由度、企业内外的信息沟通效率、企业组织的层级数量、企业组织内部单位的结构、企业的文化和规范类型等详细地描述了企业的组织结构，并分析了这些组织结构的构成要素与企业技术创新效率与成果的关系①。她的研究结论是那些推崇技术创新、鼓励成员承担风险、企业组织内外信息沟通通畅、管理跨度较大、职务范围多变且层级较少、组织单位自治性较高的柔性化企业组织结构有利于企业技术创新的产生和完成；反之，则不利于企业技术创新。

103

Nonaka 和 Takeuchi（1995）把传统组织结构分为等级制和任务小组制，并认为等级制结构有利于知识的融合和内化，而任务组则适合于群化和外化。因此企业组织结构应追求等级制的效率和任务组的灵活性②。梁梁、张晶和方猛（1999）认为传统结构的机械分工、职能模块划分、严格等级、层次过多、条块分割和系统阻塞等不足往往导致管理障碍（阻碍信息在不同的管理层间自由流动）、职能障碍（阻碍信息在不同的职能部门间自由流动）和运作隔离（各个组织单元间更深的分割和隔离）等，这些都会阻碍信息在组织内的自由流动和充分交流，将阻碍组织学习的过程③。刘璇华、肖君和惠青山（2002）认为传统层次型结构虽然具有稳定性、专业化和标准化程度较高等特点，有利于知识的获取和积累，但不利于员工个人学习积极性和主动性的调动，不利于知识的共享

①　Damanpour, Fariborz. Organizational Innovation: A Meta Analysis of Effects of Determinants and Moderators [J]. Academy of Management Journal, 1991, 34 (3).

②　Nonaka, Ikujiro; Takeuchi, Hirotaka. The Knowledge Creating Company: How Japanese Companies Create the Dynamics of Innovation, New York: Oxford University Press, 1995.

③　梁梁、张晶、方猛：《论组织结构对组织学习的影响》，华东经济管理，1999（4）。

和交流，阻碍了个人和团队层次的学习[1]。Tsai 和 Ghoshal（1998）设计了两个问题考察部门之间的信任关系：①请指出你认为可以信赖的部门，即使有机会也不担心他们利用你或你所在的部门；②来自哪个部门的人员通常对你信守诺言。他们认为企业内部部门之间的信任程度与部门间合作程度之间呈正相关[2]。

彼得·圣吉等人通过对组织学习过程的大量观察，发现团队是组织中的关键学习单位。这些团队是由一些平等的决策者以任务为纽带组成的工作组，团队中的成员都是以平等的文化和同事关系为基础的。团队之所以能够激发成员的学习过程，是因为它在成员之间建立了一种水平链接，提供了一个平等的开放式环境，使得成员之间可以坦诚地沟通。交易记忆理论认为团队成员运用各自的知识和技能，构建起沟通网络，可以帮助他们辨别和运用团队中其他成员的知识和技能。这些网络关系越密集，就越有利于团体内部的知识流动，进而促进团队的创新。

四　原创性高新技术企业间组织创新与产业发展

（一）企业间组织的新形式：模块化组织

所谓模块是指可组成系统的、具有某种确定独立功能的半自律性的子系统，可以通过标准的界面和其他同样的子系统按照一定的规则相互联系而构成的更加复杂的系统[3]。Baldwin 和 Clark（1997）认为模块化是将复杂任务分解成相对简单的活动，同时各个活动能够独立进行，以有效管理复杂任务的方法。模块化创新以核心企业为主导，通过设计规则重组产品创新系统的知识模块，并利用成员企业之间的"创新淘汰赛"推动产品的创新进程，由此

---

① 刘璇华、肖君、惠青山：《虚拟研究中心及其对国家技术创新体系的作用》，科技进步与对策，2002（2）。

② Tsai, W. and S. Ghoshal. Social Capital and Value Creation: The Role of Intrafirm Networks [J]. Academy of Management Journal, 1998 (41).

③ 青木昌彦：《硅谷模式的信息与治理结构》，经济社会体制比较，2000（1）。

形成企业之间界面清晰、协作紧密的模块化创新网络①，组织模块化是分工演进的结果，也是企业间网络形成的前提。

　　模块化沿着设计模块化—生产模块化—组织模块化的路径向前发展，首先在设计领域实现模块化，而设计的模块化同时也便利了生产，在满足物理可分性的前提下，从设计模块化必然走向生产模块化。其次，设计与生产的模块化还将带来组织的模块化。所谓组织的模块化，是指组织之间的功能完全独立，组织与组织之间的协调主要依靠既定的规则协调，由人为因素造成的不确定性被降至最低限度，组织与组织之间完全建立在基于信任的规则基础上。当组织可以模块化之后，意味着企业的一些职能组织作为独立模块，完 105 全可以剥离出来，交由专业化的公司来完成，效率更高。

　　（二）模块化组织的设计逻辑

　　青木昌彦曾指出新产业结构的本质就是模块化，模块化有着区别于其他网络组织的设计逻辑，具体表现为以下三个方面。

　　第一，系统性与独立性并存。一般专业分工基于投入—产出关联的线性分工，其演化路径是沿着"产品分工—零部件分工—工序工艺分工"进行，因而每个工序之间存在前后向的内在关联，而模块化是基于知识的前后向关联，从功能的角度将一个复杂的系统分割成一个个相互独立的模块，每个模块都生产具有独立功能的部件。因而模块化降低了系统内部不同分工之间的知识关联，使分工所带来的协调成本大大降低。在设计规则指导下，模块通过"接口"与外部发生关联，通过系统的模块化，大大降低了模块之间的知识关联性，模块独立创新成为可能。因此可以说，模块化创新是一种建立在非对称关系上的、以企业间网络为载体的分工创新与整合创新模式。研发主体只要遵循可见部分的设计规则就能够试验完全不同的工程技术，因而其信息处理和操作处理可以相互

---

　　① 郝斌：《模块化创新企业间的价值吸收——以丰田汽车公司为例》，科学学研究，2011（1）。

保密。

第二，并行开发。模块化改变了传统产品开发的次序，它从定义产品基础架构为起点，各子模块内部平行展开知识创新所形成被包裹化的模块知识，相互独立。模块知识的独立性使不同的模块"并行研发"成为可能，而且在开发过程中，各模块集中对滋生内部知识的关注，专业化明显，大大提高了知识创新的速度。此外，多个企业从事同一模块的设计工作，因此创新性产品系统不需要事先集中设计而可以自行演化，模块集成者有多个备选创新项目以对付创新风险以及不确定性[①]。

106　　第三，"背对背"竞争。模块供应商一般不能观察到竞争对手的行为，只能观察到"看得见"的系统信息部分，在遵守共同界面标准的前提下，相互独立地完成各自的研发，具有"背对背"特征。从一定意义上，这种"背对背"的竞争具有"淘汰赛"的激励效果，当模块化成为一种固定的商业方式时，模块供应商之间的竞争变得激励了，装配商寻找最优质的模块或者成本最低的模块，这激励着那些供应商彼此展开创新竞赛，也极大地提高了创新的速度，保证创新动力的充足性。在"背对背"竞争的驱使下和对高额创新收益的追求下，模块化系统演进的动力长盛不衰。

（三）模块化组织对原创性高新技术产业发展的作用机制

模块化为原创性高新技术产业发展提供了重要的组织支撑。通过模块化把复杂产品的生产分解到多个独立的环节，使每个模块可集中精力完成其所擅长部分的设计和制造，模块化分工的结果使每个部分都趋于专业化，大大提高了原创技术的研发效率和质量，关键是独立性和系统性并存让核心知识掌握者能保留自身的空间，其作用主要表现在以下三个方面。

第一，提高产业技术的创新效率。模块化生产建立在产品可模

---

① 余东华、芮明杰：《基于模块化的企业价值网络及其竞争优势研究》，中央财经大学学报，2007（7）。

块化分解的基础上，使模块化产品由一组具有不同功能的模块构成，每个模块不需事前集中，均为独立设计。生产各模块供应商开展平行研发工作，相互之间竞争激烈，在统一的系统信息界面下，新模块易于融入到系统并实现技术创新和产品升级。这样的设计有效地保证了模块化产业的创新动力，提高创新效率。青木昌彦（2000）在分析硅谷模式中指出"由于创新企业在模块产品设计时对其他模块供应商依赖较小，因此硅谷模式的创新能力得以加强；而且，硅谷内往往是数十家企业同时为研究同一有前途的技术展开竞争，只有成功者才能上市或被收购，这种'淘汰赛'更能激励企业进行创新"。子模块技术突破点增多，从而使主导技术范式不断被打破，新的产品系统不断被创造出来。在这种情况下，不同产品系列构成产业成长的代际延续，使产业生命周期不断延长。另外，模块化使企业进行研究开发时，可以应用原有的技术平台，模块创新速度快，产品开发周期短，而且节省大量的成本，赢得更多的经济效益。以计算机产业为例，当大型机开始诞生后，计算机产业形成；随后 IBM 使用模块化技术和生产方法推出 IBM/360 系统，使美国计算机产业进入快速发展；之后单模块技术的突破和一些专用模块的重用，使新产品系列不断产生，直至 PC 机的出现，将计算机产业带入新的快速发展阶段。

第二，降低产业技术创新风险。传统创新往往按照顺序方式开展，一个步骤完成后才能进行下一个步骤，如果创新中间某个步骤失败则接下来的创新过程就无法继续①。模块化使一个复杂的产品（服务）分解分为多个子模块，因为统一的联系规则具有兼容性，所以当某个模块不符合网主企业的要求时，就会被其他的模块提供者所替代。随着模块化技术的广泛应用，越来越多的企业进行模块化生产，参与模块化组织网络，实现模块重用基础上的替代经济，

---

① 曹虹剑、罗能生：《高新技术产业组织模块化及其对中国的启示》，自然辩证法研究，2010（4）。

而且在经济全球化时代，系统信息同化使模块化产业组织可供整合的创新资源大大增加。如果整合费用足够的低，模块化产业组织创新资源的整合甚至可以扩展到全球。多样的创新选择无疑减低了组织创新的风险，比如组织内部创新资源衰竭、组织系统僵化等风险。

第三，加快产业标准化形成。模块化是管理复杂事物的一整套规则，将复杂的系统分为独立的部分，各部分在结构内部可通过标准界面交流。由于模块与系统的兼容性，模块之间的嵌合是根据标准接口进行设计的，所以模块化组织中的竞争除了技术竞争外，还表现为标准的竞争，包括系统规则设计商之间的标准竞争和专用模块供应商之间的标准竞争。系统设计商为了取得规则制定上的决定权，并成为模块化组织中具有巨大影响力的舵手或领导企业，展开了激烈的标准竞争。专用模块商提供的是具有特定功能的专用模块，它们展开制订行业或技术标准的竞争。例如三星和冠捷都是显示屏行业的专业模块供应商，它们凭借技术实力分别进行不断的创新，在竞争中实现自身迅速成长，也促进了市场标准的提升和整个显示屏行业的发展。标准化对于一个产业发展尤为重要，一旦标准明确，产业将逐步进入规模化生产时期。

第四，促进产业生产体系简化。高新技术产业的产品生产通常是一个复杂的系统，例如计算机产业，在计算机产业通过模块化分解可以把产品系统分解成 CPU、主板、显示器、操作系统等子模块，再分配在产业内不同企业进行生产，而通用的系统界面保证了系统整合的低成本，所以模块化的组织形式能使复杂生产简单化。模块化组织内部的企业以功能模块为纽带，建立了高度专业化分工的网络联系。一方面，系统集成商可以借助市场优势、品牌优势快速获得集成经济，实现产业的整体价值创新；另一方面，众多中小配件、零件等模块供应商可以充分地通过相应的网络融入到全球发达国家产业中，进而提供标准化产品。各企业之间通过协作、竞争、创新以及技术、信息、服务等资源整合和共享，使组织内部的各种能力聚集在同一模块化生产网络平台之上，实现了多方合作、交互作用的网络协同效应。

五 原创性高新技术产业多主体混合型组织的作用机制

（一）原创性高新技术产业集群：多主体混合型组织的集中体现

产业集群是各个行为主体（企业、大学及科研机构、金融机构、政府及公共部门、中介组织等）在交互作用和协同创新过程中彼此建立其各种相对稳定的、能够促进创新的、正式或非正式的关系，形成多维发散的网络结构。产业集群是由经济学家韦伯（A. Weber，1909）首先提出的，他把区位因素分为区域因素（Regional factor）和集群因素（Agglomeration），韦伯从集群因素造成的经济性"一般经济开支成本"降低来研究集群产生的动因。波特把产业集群理论推向了新的高峰，他从组织变革、价值链、经济效率和柔性方面所创造的竞争优势角度重新审视企业集群的形成机理和价值。高科技产业集群是指以相同或相近高科技企业构成的群体，呈现出高效益、高渗透、高投入和高风险的特征。刘友金（2001）认为高科技产业集群的区域创新优势主要来源于企业聚集所带来的知识溢出效应、创新资源的可得性、"追赶效应"和"拉拨效应"、吸聚作用以及根植性[①]。许庆瑞等（2003）认为，高科技产业集聚内企业在地理上的毗邻，一方面使得信息收集成本得到节约，企业之间形成了协同效应和叠加效应；另一方面，集群具有很强的知识溢出效应，同单个处于孤立状态的企业相比，集群内的高科技企业很容易找到自身发展所需的高素质熟练员工[②]。Quandt（1997）对巴西堪培拉新兴高科技

[①] 刘友金：《产业集群的区域创新优势与我国高新区的发展》，中国工业经济，2001（2）。

[②] 许庆瑞、王勇：《高技术产业发展基本规律探析》，研究与发展管理，2003（1）。

产业集群的研究，从国家环境、地区环境、高科技企业、支撑机构、本地联系、竞争联系和政府政策的方面，进行阐述和分析，突出新兴高科技产业集群的发展要点[1]。利费夫（2004）研究了加拿大魁北克地区的新材料产业集群，指出其发展因素包括充足供应、知识转移、公共资金支持、基础设施发展、特定服务出现和技术集群[2]。在产业集群这个系统中，包含企业间正式的合作网络，如企业在设计、生产、技术开发、市场营销等创造价值的活动中，选择性与其他企业或行为主体所结成的稳定关系，如两个以上的企业通过合资、分包、战略同盟等结成的市场交易网络、供应商网络、分包商网络等，还包括企业与当地的大学和研究机构间结成的研发合作网络、服务支撑网络，也包含非正式的虚拟的社会生产网络（见图 4 – 2）。

110

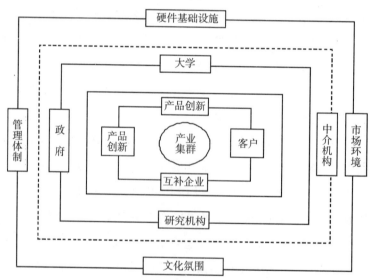

图 4 – 2　产业集群的组织形态

①　Quandt, C. The Emerging High – technology Cluster of Campinas, Brazil ［J］. International Development Research Centre, 1997 (9).

②　李扬、沈志渔:《战略性新兴产业集群的创新发展规律研究》，经济与管理研究，2010 (10)。

（二）　原创性高新技术产业集群的作用

产业集群的形成，得益于区域内信息资源的广泛共享，密集的企业与产业试错和降低交易成本的地理空间集中集聚。产业集群通过集群式创新吸引了高端要素集聚，提升了要素配置效率；推动了技术进步，蕴含着重大技术突破；优化了企业的优胜劣汰机制，推动了高技术产业内生增长[①]。Maryann 等（2001）认为集群是新企业创建及创业活动在本地扩散的结果[②]。Donato 等（2003）对意大利100个1960年以后由创业者或创业家庭所创立的企业集群进行实证分析，研究发现这种集群的形成主要是领先创业者所创立企业的发展所致[③]。

111

首先，资源集聚提供优质要素：产业集群使得拥有智力、技术、人才、资金等大量生产要素实现聚集，地方政府、各种中介服务组织、行业协会、金融机构、教育和研究机构等对集群的发展产生协同效应，集群中的企业可以有效地接近产业专门性资源和高端资源，降低成本地使用互补性资产，在不牺牲个体灵活的前提下能获得范围经济的效益。不过更重要的是产业集群使这些生产要素实现有效地组织，产业集群对各种要素投入如资本、技术、劳动力、自然资源、企业家资源等有很强的整合能力，当产业发展要素集聚于产业集群时，要素的所有者便可以通过对多家配置对象的考察对比快速、低成本、充分的了解信息，进而在市场机制的作用下将要素配置于预期收益最大的地方，也就是要素最能发挥作用的地方，资源配置效率得到了大大提高。

其次，知识溢出加快技术创新和扩散：Keeble 和 Wilkinson

---

① 科技部火炬高技术产业开发中心　北京市长城企业战略研究所：《中国增长极（高新区产业组织创新）》，清华大学出版社2007年版。

② 刘志阳、程海狮：《战略性新兴产业的集群培育与网络特征》，改革，2010（5）。

③ Donato I., Peter R., The Process of Business Cluster Formation by Habitual Entrepreneurship: Entrepreneurial Dynamics and Organizational Setting. Bason Kauffman Entrepreneurship Research Conference, Bason College, 2003.

（2000）认为集群创新的本质就是集群内部企业之间动态性的知识流通过程，其行为表现为集群内部企业间的群体学习，不同于企业内部的组织学习行为，而是更高层面的一种知识社会化过程，同时也是刺激集群内部知识进行创新的过程①。产业集群内大量企业之间的关系不是简单的基于商品买卖而形成的商业关系，更多是基于技术、人才和信息方面频繁互动所形成的共生关系。企业间的频繁互动使得产业集群内技术外溢的成本低、速度快，专业知识的传播更加迅速，不同企业的员工在工作之余的非正式交流也是集群创新的重要来源，如果某人有了一种新想法，可能被其他人迅速采纳并

112 加以融合。在专业中介组织助推下，技术进步及向生产力转化的速度也更加迅速，比如产业集群内人才的流动，和人力资本在产业集群内积累和流动，使技术创新过程中形成的非编码化隐性知识，在传播过程中的信息失真度大大减小，使创新技术扩散更加有效率。

再次，生产合作带动技术产业化：在集群内的企业往往集中于产业的某一道工序或某一种中间产品的生产，这种分工使得生产效率大幅提高的同时，有效降低了生产成本。企业之间密集的分工合作形成了专业化生产协作网络，在这个网络中，一家上游企业同时为几家下游企业配套或提供中间产品，进行大批量生产，实现规模经济，一家下游企业也可以由几家上游企业供货，采购更为灵活，易于降低成本。对于原创性高新技术而言，如果能够在集群聚集众多生产企业分别就生产链各个环节开展生产，将会极大推动技术产业化。而且随着集群内企业数量增加，企业的集体力量增强，议价能力提高，加上地理位置的接近性节约了单位运输成本，企业可以得到价格更低、质量更优的生产要素供应。在生产协作过程中，市场上形成了充足的劳动力市场供给，对于集群企业而言，能较为方便招聘到熟练工人。即使新迁入的企业也很容易获得各类拥有丰富

① Keeble D. Lawson C. Lawton H., Collective Learning Processes and Inter – Firm Networking in Innovative High – Technology Regions, Working Paper, 1998.

专业技术和管理经验的人才。这样单个企业可以根据自身的生产需要及时调节所需的人员数量，减少管理成本和工资成本以及工人劳动保障等方面的费用。

最后，集群生态推动产业内生增长：产业集群使经济主体之间容易形成一种相互依存的产业关联和共同的产业文化，并且创建一套大家共同遵守的行为规范。在这一套行为规范的指导下，人们相互信任和交流，从而加快了新思想、新观念、信息和创新的扩散速度，节省了集群内组织的交易成本，我们称这种特性为根植性。在产业集群内，大量面对相同市场的企业都可以切身感受到巨大的竞争压力，技术落后在很大程度就意味着低附加值和失败，产业内充满竞争，这种竞争将会使企业彼此相互依赖技术创新和工艺流程优化来降低成本、提升服务和质量，长久保持忧患意识和超前欲望。与此同时，产业集群可以在区域内形成强烈的创新氛围，在这个范围内，大量的高技术人才都试图通过获取先进技术实现创业梦想。

第三节　原创性高新技术产业组织创新的典型案例分析

在深入分析原创性高新技术产业组织创新机制和产业发展规律的基础上，就模块化组织等当前新兴的有效组织模式进行深入的案例分析，这些案例具有典型的组织创新特征，对我国发展原创性高新技术产业具有很好的借鉴意义。

一　原创性高新技术产业模块化组织创新：以苹果为例

从模块化市场的双重结构的观点来看，企业必须从两个主要的战略中慎重地选择一个，有的企业可以作为模块产品的"看得见"信息或设计规则的设计师来竞争。同时，也可以作为一个模块的设计者来竞争。一方面对于设计师来说，必须让模块的设计者们相信其设计的结构能够在市场上流行，确定的设计规则能够吸引他们，这样才有竞争优势，但同时也要规避模块供应商对其地位的挑战。另一方面，对模块制造者来说，它应该熟知隐含在设计当中的信息，在实现这个模块的市场化时，发挥卓越的行动能力，这样就有竞争优势。模块制造者必须在机会到来时为了满足市场的需求迅速采取行动，而在市场混乱时立刻转向其他目标或者力争达到新的水平。

苹果公司（Apple Inc.）总部位于美国加利福尼亚州库比提诺，主要从事计算机、移动通信和传播设备、便携式音乐播放器及相关软件等产品的设计、制造和销售，在设计和开发自己的操作系统、硬件、应用软件和服务领域形成了核心能力。苹果公司所处市场竞争强度高，产品技术更新换代十分迅速，然而面对众多的竞争对手和快速变化的市场需求，苹果公司却一次又一次创造了市场销售的奇迹，自 2005 年末到 2010 年，苹果公司的股价已上涨了 5 倍，公司市值接近 2500 亿美元，位居全球第三，仅次于埃克森美孚和微软。苹果的成功与其出色的舵手策略不无关联，集成创新是苹果产品的显著特点，不同于 IBM 等公司，苹果生产的无论手机、PC 机都无法与其他同类产品兼容，但是这并不阻碍苹果基于模块化策略实现有效竞争。

（一）生产分割与集成

苹果公司较早放弃了传统上集设计、制造、营销于一体的经营方式，而是集中打造自己的专利、商标和版权，根据苹果公司2010 年年报的披露情况，苹果公司所有产品及零部件均由第三方制造，产品运输和后勤管理也采用外购方式。公司最终产品组装目前分布在美国加利福尼亚、得克萨斯州和中国、捷克、韩国。关键部件制造和供应分布在美国、中国、德国、爱尔兰、以色列、日本、韩国、马来西亚、荷兰、菲律宾、中国台湾、泰国和新加坡，其中苹果计算机、iPhone、iPad 和 iPod 装配在中国完成，可见苹果公司生产分割和外购程度高，采取的是比较完全彻底的生产分割和组织方式，制造企业位于美国以外，分布在亚洲、欧洲等地区。以iPhone 为例，制造涉及多个国家的多家公司，分别位于中国（包括大陆和台湾）、韩国、日本、德国和美国，主要生产者和供货商包括日本东芝、韩国三星、德国英飞凌、美国博通等企业（详见表4—3）。所有 iPhone 部件运输到富士康在深圳的工厂组装成最终产品，然后再出口到美国和其他国家，苹果公司有效地控制了产品成本。

表4-3　　　　iPhone3G 的主要部件和成本　　　　单位：美元

制造商	部件	成本
日本东芝	闪存	24.00
	显示组件	19.25
	触摸屏	16.00
韩国三星	应用处理器	14.46
	随机存储器	8.50
德国英飞凌	基带	13.00
	照相机	9.55
	无线电收发器	2.80
	GPS 接收器	2.25
	Power ICRF Function	1.25
美国博通	蓝牙	5.95
美国恒忆	多重晶片封装记忆体	3.65
日本村田	射频前端模组	1.35
德国对话半导体	电力集成电路应用处理器	1.30
美国凌云逻辑	多媒体数字信号编码器	1.15
其他		48.00
材料和零部件总计		172.46
富士康深圳	组装	6.50
总计		178.96

资料来源：刘戒骄. 生产分割与制造业国际分工——以苹果、波音和英特尔为案例的分析 [J]. 中国工业经济，2011（6）

115

（二）设计的集成平台建设

除了硬件生产分工与集成，苹果公司近几年成功还源自其软件产品设计集成平台，即 App Store 模式。2008 年在美国评选出的十大科技突破中，苹果公司应用程序商店——App Store 高居榜首。App Store 模式是 App Store 服务提供商通过整合产业链合作伙伴资源，以互联网、无线互联网等通路形式搭建手机增值业务交易平台，为客户购买手机应用产品、手机在线应用服务、运营商业务、增值业务等各种手机数字产品及服务提供一站式的交易服务。

在 App Store 模式出现之前，运营商在手机中预装软件是推广手机软件的最佳途径。因为，一方面手机用户很少自己下载程序；另一方面，原来的手机多采用封闭式平台，并不允许用户自己安装软件。而 App Store 模式出现后，手机软件的销售模式由此改变，从厂商预装到自由销售，极大地减少了手机厂商的软件成本。App Store 模式使手机也能像个人电脑一样，在出厂时只装上基础软件，而其他个性化的软件由用户自己购买、安装。

苹果公司对 App Store 的应用程序限价最高为 999 美元，但绝大部分应用的定价不超过 10 美元。事实上，苹果公司开发 App Store 平台的目的，一方面是为了创造利润，更主要的目的是想通过 App Store 平台里巨大的资源吸引消费者。App Store 在价值链中，既吸引了大量的第三方开发商，开发商利用这一平台将产品直接推向用户，从而建立起一个直接的销售渠道，同时又满足了消费者的各种需求，iPhone 不再是简单的手机，而转变成一个良好的功能体系平台，终端用户可以个性化选择自己感兴趣的内容，从而降低了软件制作商的成本，使其可直接面对客户。App Store 中每卖出一份下载，苹果公司会得到利润的 30%，开发者得到 70%。苹果公司与第三方软件开发商之间完善的支付和结算体系保障了开发者的利益，也极大地激发了开发者的热情。继美国苹果公司推出应用程序商店后，各大 IT 巨头、网络运营商和手机制造商如雨后春笋般相继推出自家的"App Store"，包括微软的 Windows Market

Place，Palm 的 Software Store，谷歌的 Android Market，黑莓的 App World、诺基亚的 Ovi Store、三星的 Mobile Applications，中国移动也推出 Mobile Market 等等。

（三）案例小结

苹果的成功源自其成功舵手策略，以 iPhone 为例，我们加以分析。在智能手机产业中，存在三类成员，其一为智能手机制造商，如 iPhone，Nokia 等；其二为手机功能模块供应商，包括芯片开发商、元器件供应商、操作系统开发商、手机方案设计公司等；其三为运行平台模块供应商，包括移动运营商、网络运营商、网络内容供应商等。这三类成员联结成的网络状产业链的构造如图4—3所示。

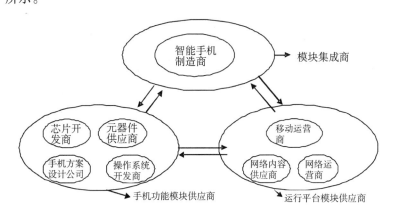

图 4 - 3　苹果模块化组织图示

在智能手机产业中，能够担任舵手职能的有两类企业，一是系统平台开发商；二是智能手机生产厂商。事实上，这两类企业往往通过形成战略联盟，共同承担舵手的职能。比如最大的系统平台开发商 Symbian 的大股东是市场份额占有率最高的诺基亚公司。那么在 iPhone 的体系中，承担舵手职务的显然是苹果公司。一方面，苹果公司通过采用合同和技术手段管理生产过程，协调与供货商的关系；另一方面，通过公共平台集成以网络内容提供商为主的运行平台模块供应商。两者的策略有所不同，硬件生产相对稳定，盈利空间有限，为此，苹果选择的是固定的供应商，关键在于控制成本。而软件生产是获利的关键，且消费者对软件需求极为多样化，如以金字塔形开展竞争，不仅给自身带来巨大负担，而且创意也十分有限，而通过开放方式让供应商开展竞争不仅利于众中选优，而且会因为让开发者观察到更多异质性信息而产生更大的创新空间。

二 技术联盟与原创性高新技术产业突破：VLSI 的成功启示

20 世纪 70 年代，日本集成电路产业发展缓慢，远远落后于美国，为了实现赶超，突破产业关键技术难题，日本集成电路产业成立了一个大型产业创新联盟——VLSI 技术研究组合。VLSI 组合启动以前，日本半导体生产设备的 80% 左右依赖从美国进口，但通过 VLSI 的成功运作，开发出了半导体加工过程中的关键设备——缩小投影型光刻装置，产业取得突飞猛进，到了 80 年代中期全部半导体生产设备都实现了国产化，至 80 年代末日本的半导体生产设备的世界市场占有率超过了 50%。1980 年，全球半导体生产设备销售额最高的十大公司中，日本只有 1 家；1989 年迅速增长到 5 家。1985 年日本半导体材料的世界市场占有率就达到了 60%，两年后又进一步上升到了 70% 以上。日本半导体材料生产行业能够从 80 年代后期开始称霸世界，不能不在一定程度上归功于 VLSI 组合的成立①。

（一）汇集产业力量，成立技术研究组织

20 世纪 70 年代，IBM 将着手开发第四代计算机"未来系统"的消息，该型计算机将使用超大规模集成电路 VLSI，日本政府希望在半导体领域缩小同美国的技术差距，着力计算机这个幼稚但又至关重要的产业，但 VLSI 的研发，需要的资金十分庞大，不是个别企业所能承受得起的。为此，日本通产省于 1975 年成立了包含多名产业界和学术界人士在内的"VLSI 研究开发政策委员会"。经

118

---

① 周程：《日本官产学合作的技术创新联盟案例研究》，中国软科学，2008（2）。

该委员会酝酿，通产省于 1976 年成立了由政府和民间企业共同出资的共同研究开发组织——"VLSI 技术研究组合"。参加"VLSI 技术研究组合"的企业全部由通产省选定，它们是日本电气、东芝、日立、富士通、三菱电机，除美国独资公司日本 IBM 外，几乎囊括了日本境内所有的大型半导体生产企业。同时，通产省还决定在研究组合下面设立一个研究基地——"共同研究所"，由通产省所属的工业技术院电子技术综合研究所和各参加企业负责派遣科研人员组成。尽管日本早先已成立了很多形形色色的研究组合，但由存在竞争关系的企业各自派遣研究人员组成相对稳定的共同研究所置于研究组合之下，这还是第一次。

119

（二）创新组织架构和研究方式

VLSI 组合的最高管理机构是理事会，由各大公司的总裁和通产省的代表组成，理事会的主席由理事轮流担任，秘书长由通产省出身的离职官员担任。理事会下设运营企划委员会，其成员由各公司分管半导体工作的副总裁级人物以及通产省管辖的电子技术综合研究所相关负责人组成。他们每月至少碰头一次，就组合中的重大事项进行商议、拍板。为提高议事效率，运营企划委员会设立了两个专门委员会——经营委员会和技术委员会，前者专责行政事务，后者专责技术研发。VLSI 组合中凡适于由中立者担任的职务均由通产省出身的人员出任。将存在竞争关系的企业组织到一起从事共同研究开发，存在很多困难。在协调彼此关系方面，通产省出身的官员和电综研的科研人员做了大量的工作。为促进研究交流，他们每隔一到两周，便将各研究室科研人员组织到一起汇报交流各自的研究进展。此外，通产省出身的官员和电综研的科研人员还经常发起户外旅行、节假日聚会等联谊活动，以缩小来自于各个企业的科研人员之间的心理距离。

在研究方式上，VLSI 组合强调课题的选择必须突出基础性和共性两大特征。经过反复讨论，参与企业认识到，共同研究所的研究目标应锁定在 10 到 20 年内有实用化可能的 1M DRAM 的技术研发上；至于各企业内部的研发机构则应把研究重点放在 64K DRAM 和 256K DRAM 的实用化技术研发上。为此，首先，必须攻克高精度加工技术，以大幅提升芯片的集成度；其次，必须解决硅片的大口径化问题；此外，还应解决 LSI 乃至 VLSI 的设计、工艺处理、检测与评价以及装置设计等技术问题。由于高精度加工技术和单晶硅结晶技术属于核心基础技术，所以 VLSI 组合决定交由共同研究所攻关解决。为确保四年内如期攻克这一技术难关，三个高精度加工技术研究室围绕着同一个目标从不用的角度发起了冲锋。设计技术属于非共性技术，故由各参与企业所属研发机构自行组织攻关。至于工艺处理技术、检测评价技术、装置设计技术等，除其中的一些基础性或共性问题由共同研究所负责外，其余均由各企业的研究机构负责解决。

120

（三）集中保障研究经费和研究人才

VLSI 组合从 1976 年设立起至 1980 年宣布解散为止的四年里，总事业费约为 720 亿日元。其中由通产省补助金资助的数额就高达 291 亿日元，约占总事业费的 40%。其余事业费则由参加企业平均分担。这四年里通产省补助金总支出为 592 亿日元，也就是说通产省拿出了手中一半的补助金用于支持 VLSI 的研发。

VLSI 组合内负责共性基础技术研究的共同研究所设在 NEC 中央研究所院内，定员为 100 人左右，主要承担高精度加工技术、硅结晶技术、工艺处理技术、检测评价技术和装置设计技术等五个方面的研发任务。共同研究所要求五个参与企业各推荐一名研究室主任级人选，研究室成员则由各研究室主任挑选。但由于参与企业担心自身的技术外流而失去技术优势，故不愿意将本企业最优秀的技术骨干推荐到共同研究所任职。最后由共同研究所所长垂井康夫提出初步名单，经通产省相关部门出面协调，才确定室主任级人选。但是，在如何安排五个研究室主任人选时又遇到了麻烦，因为五位室主任候选人为了本单位的利益都争抢着要担任高精度加工这个关键核心技术研发部门的主任。结果，VLSI 组合决定在共同研究所内设置相互独立的三个高精度加工技术研究室，由有过半导体精密加工设备研发经验的日立、富士通、东芝三家公司的室主任候选人各负责一个。硅结晶技术属于最为基础的技术，该研究室主任最终决定由电综研的科研人员出任。三菱电机和 NEC 的室主任候选人则负责剩下的工艺处理技术研究室和检测评价与装置设计技术研究室。三个并列的高精度加工设备研究室的成员主要从室主任所在的企业中抽调，余下的两家企业则分别加入其中。由于余下的两家企业在高精度加工领域起步晚，不构成威胁，故三家先行企业均没有表示排斥。至于另外三个研究室的成员，则打破企业界限，尽量从五家参与企业中等额抽调。

121

三　原创性高新技术产业集群：芬兰 ICT 创新集群的崛起

20 世纪 70 年代，石油危机导致了经济增长的减速以及失业和通胀水平的升高，芬兰政府和各界人士在全国范围的大讨论后一致认识到，只靠仅有的森林资源和传统产业，经济发展将难以为继，唯一的出路在于发展知识经济。而当时的"微电子革命"给芬兰带来了新的生产和其他机遇。80 年代，芬兰技术计划的重点便是信息与通信技术（ICT）。自 20 世纪 90 年代中后期以来，芬兰成为全球 ICT 产业的领导者。诺基亚（Nokia）公司作为世界最大的移动电话生产商，其品牌手机拥有近 1/3 的世界手机市场份额。而该国 ICT 产业主要集中在 Espoo、Innopoli 等科技园区内，以创新集群的形态存在。芬兰 ICT 创新集群的崛起主要受益于有效的市场竞争与举国形成了核心竞争力源于技术创新的共识，并在此基础上产生了集体行动。

（一）以开放式产业竞争壮大市场

ICT 创新集群在芬兰的崛起受惠于这里的市场竞争机制比其他地区更为开放、自由、有效。大多数国家电话网络系统由国家专营，而芬兰由于历史原因并未形成这种格局，其通信网络市场结构相对松散。1981 年，跨国移动电话网启动，芬兰与其他北欧国家共同形成当时世界最大的移动电信市场。自然垄断在市场的迅速扩张中露出端倪，芬兰于是在 1987 年修订了《电信服务法》，将国家公用电信局的经营职能剥离，并私有化改制为平等参与市场竞争的公司。通信市场被逐步开放，此后芬兰曾出现近 800 家电信公司，它们必须改善服务与价格效益才可能生存，而实现这一目标只能依靠技术创新。经过惨烈的市场优胜劣汰，约 140 家电信公司生存下来，它们多为技术领先者。在市场竞争的推动下，从芬兰 ICT 创新集群中涌现出一批具有世界影响的企业（见表 4 - 4）。此外，芬兰电信运营与设备供应在经营上没有捆绑在一起，这为公平竞争的开展提供了必要条件。作为设备供应商的买方，电信运营商之间存在激烈的市场竞争，这促使设备供应商之间随之也展开激烈竞争，借助技术创新提升产品价值成为从竞争中胜出的关键。正是在有效的市场竞争推动与适度的政策调节影响下，技术创新受到芬兰举国上下高度重视，该国 2004 年研发投入就已占到 GDP 的 3.4%。根据世界经济论坛（WEF）的评估，2006 年芬兰的信息技术竞争力已位居全球排名第五。对于市场垄断，芬兰予以极高的警惕，它们一方面通过政策引导企业利用外部效应深化生产的弹性专精。如芬兰 1999 年 GDP 的 1.5% 由诺基亚创造，其一级供应商多达 300 余家，并在此基础上形成了所谓的"诺基亚网络"。另一方面，减少市场壁垒，高度开放市场，引入外资企业强化市场竞争。德国西门子、瑞典爱立信、美国等外资企业植入芬兰 ICT 创新集群，有效地产生了"鲇鱼效应"，使芬兰 ICT 创新集群竞争力增强。

表 4 - 4　　　　芬兰 ICT 创新集群中部分世界知名企业

电信	Sonera, Elisa, Finnet
电信电缆	Pkc, NK, Nextrom
IT	Tietoenator, Novo
信息技术	ICL INVIA, Hewlet - Packard Finland（美）

移动电话	Perlos，Eimo，Benefon
电话和网络系统	Nokia，Siemens（德）、Ericsson（瑞典）

（二）以科技园为载体形成产学研创新网络

1982 年，芬兰建立了北欧第一个科技园，即奥鲁科技园，该科技园建在高等院校和科研机构实力雄厚的奥鲁市，对芬兰经济发展影响重大的芬兰电子工业就是从这里起步的。移动电话原来是奥鲁大学的一项军用科研成果，作为在技术园内落户的第一家公司，诺基亚在这里将这项成果转化为民用商品。为此，诺基亚才改变了胶靴生产公司的传统形象，发展成高科技企业。1984 年 Innopoli 有限公司成立，随后 Innopoli 科技园就在芬兰南部大赫尔辛基地区临近赫尔辛基理工大学的 Otaniemi 诞生了。Innopoli 科技园在促进信息通信技术（ICT）的产学研结合将科研成果迅速转化为生产力方面成就显著，已得到了世界科技界的关注，被誉为南芬兰信息通信技术（ICT）产业链的心脏，它为诺基亚提供了源源不断的科研人员和技术资源，使这个移动电话制造商始终保持着世界移动通信技术的领导者地位。Innopoli 科技园与赫尔辛基理工大学，芬兰技术研究中心（VTT），芬兰国家技术局（Tekes）以及各种风险投资机构都建立了合作联系，为的是将新知识转化成产业和商业，孵化高新技术企业，ICT 企业是重点孵化对象之一，对芬兰 ICT 创新网络的形成起着至关重要的作用。从 1982 年建立第一个科技园起，芬兰拥有的科技园超 200 个，囊括了芬兰半数以上的大学、科研机构和几乎所有大公司的研发分支机构。在科技园之中，产学研相互碰撞与互动，迸发出的火花成为促进芬兰经济、技术发展的创新源泉。这些科技园完成了芬兰 90% 的研究工作，园区中进驻了许多公司和研究机构，它们的技术领域涉及大部分高新技术产业，ICT产业是重点发展对象，科技园促进了产学研紧密结合，对于技术创新和 ICT 企业的促进和支持效果十分显著。

第四节　原创性高新技术产业组织的国内外经验与启示

当前，我国发展原创性高新技术产业是有不少共通的组织机制及其经验可以借鉴的。发达国家的经验表明，发展原创性高新技术产业的各类资源要素需符合特定的战略定位、产业网络并从组织上将这些资源有效协调，发挥其最大的资源效率。

一　原创性高新技术产业组织的国内外经验

（一）重视产业发展的国家战略

高新技术产业的发展需要很多的资源要素，这些要素来源于产业内部，也来源于社会，比如新能源汽车的发展，并不仅仅是汽车产业的问题，还涉及国家能源战略、城市规划、电力系统等诸多方面的系统问题。如果没有国家层面的顶层设计与具有足够力度的一揽子计划与措施同步推进相关要素的发展，即使特定高新技术产业内部存在完备组织体系也难以让资源配置实现最优。以日本为例，为发展新能源汽车，政府联合国内各大汽车厂商，高校学术团体，研究机构等各方力量，从政府引导、国民启发、相关基础设施建设、网络信息化、电池技术、资源回收利用技术、国际标准化及人才培养等方面制定了翔实的发展战略。国家战略在一定程度上保证了高新技术产业发展政策的稳定性与持续性，实际上是从国家层面界定了资源配置的格局，为产业内组织创新提供了参考。

（二）鼓励企业合作覆盖全产业链

政府在推动企业间合作中发挥积极作用，主要体现在组织协调和资金投入两方面，一是协调国家利益、行业利益和企业利益，组织建立联盟。为克服公共物品供给难题，形成研发和产业化合力，这些国家的政府协调各方利益，借助政府公信力在相关成员之间建立互信关系，引导相关成员结盟。二是投入政府资金支持联盟的组建和发展，很多国家中的高新技术产业联盟都是在政府部门资助下得以建立，而且强调企业合作能够覆盖全产业链，涉及众多相关机构。比如美国电动汽车联盟企业成员就覆盖了电动交通系统的全部价值链，包括整车制造企业（日产汽车、Coda 汽车）、零部件企业（江森自控－Saft）、电池企业（A123）、电力企业（LS）、能源企业（NRG）、充换电技术及基础设施企业（Better Place）、创投机构（KPCB）等。国内的中关村物联网产业联盟也涵盖了物联网产业链上下游 40 余家机构，而且中关村还开展了集群投资方式，对覆盖物联网产业链上下游的 8 家中小企业同时投资，整体实现以链为核心的发展方式。

（三）以优化组织管理机制为保障

125

经验表明，产业联盟的有效运转，必要有清晰的战略部署以及与目标实现相匹配的管理措施，需要配合以合理、高效的联盟内部组织管理和利益分享机制，这也是我国过往以及当前诸多产业联盟存在的弱项。联盟本身实际上属于一个较为松散的契约联合体，联盟成员之间存在着竞争和合作的微妙关系，单个成员还存在着"搭便车"的可能性。因此，克服这种不利影响，建立合理的组织架构对联盟的成败至关重要。一是合理设定联盟目标，定位于竞争前共性技术而非具体技术，避免联盟成员在联盟内部存在竞争关系，而着力凸显成员之间的合作关系。二是合理界定联盟成员的权利和义务关系。主要包括资金投入、知识产权归属和使用、研发任务分配等，用良好的激励约束机制抑制联盟成员的"搭便车"倾向。国外很多产业联盟的目标往往十分具体，且仅为有限的几个，而且会及时根据形势变化对目标和路线图进行动态调整。

（四）为产业合作构建良好的社会环境

社会环境对于产业组织发展有着重要的影响，国外不少国家为保障企业之间、企业和其他机构之间能有效合作，会出台相应政策法规。以产学研为例，比如美国曾先后实施《斯蒂文斯—韦德勒技术创新法案》和《贝赫—多尔法案》，这是美国产学研合作史上最具有里程碑意义的两项立法。此后又制定了《国家合作研究法》

来促进研究合作伙伴关系的形成。同样，日本政府也先后制定了《研究交流促进法》、《大学技术转移促进法》以及《产学官合作促进税制》等，为产学研合作项目开展提供多方面的支持。除了完善相应的法律制度外，文化氛围也至关重要，硅谷与 128 号地区的最大区别在于区域文化的差异，硅谷地区开放、创新、宽容失败的区域氛围让该区域形成了密集的合作网络，也让该区域成为全世界高新技术创新最为重要的发源地。

二 我国原创性高新技术产业组织创新的实践启示

126

基于原创性高新技术产业的发展特点与规律，本研究提出与之匹配的组织创新机制，具体而言，对于我国原创性高新技术产业组织创新有以下几点启示。

（一）构建以企业为主体的高效合作体制

鼓励建立以企业为主体的自主创新体系，在国家和地方的科技发展规划中充分考虑企业需求，在科技投入、研究计划和人员配置方面向企业倾斜，将企业的重大技术研究项目纳入国家科技计划中，鼓励以企业为主体联合高校、科研院所承担国家重大科技项目。要以构建以企业为主体的、产学研结合的国家技术创新体系和建立现代企业制度为契机，加快企业产权制度的改革和经营方式的转换，加强企业技术创新能力建设，建立和完善企业技术开发体系、科技投入体制和产学研联合创新机制，积极培育科技型中小企业，组建高技术企业集团，力促企业经济增长方式从粗放型、速度型向集约型、效益型的转变。

（二）激活产业联盟，形成原创性高新技术产业整体联动

产业联盟要有实体型机构，制定并严格执行联盟章程，保证联盟的独立利益，理顺体制机制，充分调动联盟在促进产业链合作、争取政策支持、保障产品质量、规范市场竞争、推动专利共享、发展自主技术标准等方面的积极性，促进产业内外相关主体的联动。产业联盟的会员组织采取"行业领袖 + 广泛参与"的形式。核心

成员（理事会成员）必须是掌握并能够不断改善核心技术的企业或机构，对产业发展起到引领作用；同时，广泛吸收满足条件的相关企业、研究院所、高校，推动各种主体在产业链上的合作与分工。产业联盟要具有发展性。在技术研发方面，联盟要督促会员坚持既定技术路线，不断提高联盟标准的市场占有率；在生产组织方面，要不断协助联盟企业降低生产成本、提高生产效率；在市场开拓方面，要通过设立信息中心、共建销售渠道不断扩大联盟产品销量。联盟要具有开放性，一方面吸引国外跨国公司加入，提高联盟的国际化程度；另一方面促进各新兴产业联盟组织与国外相关联盟接触，在技术研发、专利共享、市场开拓等方面开展广泛合作。

127

（三）引导加强内部管理，提高产业联盟的凝聚力和效率

建立联盟内部信任的评审体系，在缔结联盟以及联盟以后的运作过程中，建立一套经常性的、持续的内部评估审核分析体系，对每一合作伙伴的过去、现在和未来等一系列要素进行综合评估，为在联盟的内部建立可靠的相互信任机制奠定良好基础。通过保护性合同避免联盟组织中的机会主义行为，对不合作的行为或违约行为进行惩治。鼓励产业联盟积极开展深层次的合作，有效整合联盟资源发挥协同效应，推动联盟由低层次向高层次转变，实现从价格协议、行业标准、品牌营销等外围的功能，向实实在在的资源互补、研究开发、供求合作、市场进入、风险共担等演进。

（四）以科技园区为依托，促进产业聚集发展

以各类科技园区为基础，促进企业集聚发展，共享园区基础设施和各类公共平台。扩大各类科技园区的规模，完善基础设施，提升服务水平，调整各专业园区布局，强化其对原创性高新技术产业发展的载体功能。在产业园内，配套循环经济设施、孵化器、公共服务机构和生活设施，完善产业发展的硬环境与软环境，使产业集聚平台由单一的生产制造功能向综合研究开发、技术转换、投资融资、人才培养、生产制造、销售服务复合功能转型。在原创性高新技术产业集群培育过程中，应当重视产学研合作机制的作用，将高

校和科研机构作为原创性高新技术产业发展的重要的技术来源地，鼓励在高校和科研机构内部建立良好的科学技术商业化制度，培养技术企业家，促进原创性高新技术企业的发展。

第五章　原创性高新技术产业
发展的制度机制

我国自 20 世纪 50 年代开始实施推动高技术产业发展战略，加快了高技术产业的发展及高技术对传统产业的改造，促进了国民经济和社会各领域的现代化。半个多世纪以来，我国为发展现代科学技术投入了巨大的人力、物力和财力，但是迄今为止，原创性高新技术产业的发展差强人意。产生这一问题的根本原因就在于，我们往往只注意技术自身的演进而忽视了制度的创新。在我国经济体制转轨时期，制度重于技术，成为原创性高新技术产业发展的一个内生变量。制度作为一种配置资源的手段，决定着人力资本的运用和发挥，决定着技术的总体水平，从根本上决定着原创性高新技术产业发展的方向与路径。

第一节　原创性高新技术产业发展的制度的概念与内涵

原创性高新技术产业发展的制度主要是以政府政策和法律形式实行的，是强制性制度变迁的产物①。其主要形式包括：（1）法律、法规：对于特殊的技术知识，可以采用专利法、商标法、合作研究法、技术转移法、信息法，以及各种专业技术保护法，如数据库保护法、计算机软件法等法律、法规，使原创成果具有排他性，

---

① 陈雅兰：《原始性创新理论与实证研究》，人民出版社 2007 年版。

使创新主体的收益率接近社会收益率；（2）政策、规章、规范性文件等：法制手段的维护范围是有限的，大部分的创新主体权益和创新过程的保障措施，是需要相关的政策、规章、规范性文件等加以保证的。（3）技术战略计划：通常是指国家科学研究计划，意义重大、规模庞大、耗资巨大、内容涉及广、研究周期长的科技项目。

原创性高新技术产业发展的制度，如果按照其发展历程的时间维度，则大致可分为两个层面的：知识技术化（或称原始性创新）、技术产业化。我们将原创性高新技术产业发展按照时间维度，分为两个阶段：知识技术化阶段（或称原始性创新阶段）、技术产业化阶段。在不同的发展阶段，制度的侧重点和相应的制度内容也会有所不同（见表 5 – 1）。知识技术化阶段的政策涵盖了基础研究、政府项目规划、产学研合作等方面。而技术产业化阶段的政策则包括了产业扶持政策、风险投资、金融支持体系等内容。

表 5 – 1　　　　　　原创性高新技术产业发展的制度框架

发展阶段	制度的侧重点	制度内容
知识技术化	激励创新	基础研究投入、政府项目规划、创新网络的建设、R&D 税收激励等
技术产业化	产业环境的构建	产业扶持政策、风险投资、金融支持体系、知识产权制度等

在原创性高新技术产业发展初期即知识技术化阶段，由于技术不确定性大，投资风险高，因此，制度的侧重点主要在于激励创新，鼓励技术研发及其基础研究。相应的制度内容包括基础研究投入、政府项目规划、创新网络的建设以及各种 R&D 税收激励。例如，创新网络的建设是指产学研合作网络和企业之间的网络。因为原始创新源的获取是非常不容易的，市场信息不灵和不畅极易造成

决策失误和带来原始创新的低水平重复。创新源的搜索主要就是主导原始创新的企业针对高校、科研机构以及其他企业进行创新源的搜寻，相应网络的建立会很大程度上缩短搜索的艰难性，提高搜索的效率。创新网络通过加强领域内的正式和非正式的交流活动，为隐性知识的传递和扩散奠定了基础，为创新源的搜索提高了针对性。

　　而在技术产业化阶段，政府在产业环境的构建方面应当做出努力，制定相应的产业扶持政策。同时政府必须起到很好的协调作用，使产业环境逐步规范化，完善产业领域内的知识产权及专利保护体系。因此在技术产业化阶段，主要的制度内容包括产业扶持政策、风险投资、金融支持体系以及知识产权制度。例如企业在进入技术产业化阶段时，需要投入大量的资金支持，部分企业可能由于资金的暂时短缺而放弃已有的创新成果。风险投资、金融支持体系的完善可以使企业拥有更加充实的资金用于创新成果的市场化。同时政府出台相应的产业扶持政策可以为原创性高新技术的商业化提供更多的市场机会，帮助企业拓宽市场，使得新产品尽快被市场所接受，缩短企业资金回笼时间，为企业下一轮原始创新奠定基础和信心，实现良性循环。

　　例如新能源汽车是一个新兴的领域，市场前景不明确，前期研发需要大量的资金和人力投入，风险极大，其培育、发展和规模化都需要政府等有关部门的政策支持。在新能源汽车产业发展的知识技术化阶段，各国的政策主要以政府规划项目的形式来推动新能源汽车的研发。2009 年 8 月美国总统宣布美国能源部将设立 20 亿美元的政府资助项目，用以扶持新一代电动汽车所需的电池组及其部件的研发。2008 年，欧盟出台"欧洲经济复兴计划"，特别是电动汽车方面的研发。德国于 2008 年 5 月推出国家氢能与燃料电池技术创新计划，后又推出了"国家电动汽车发展计划"。在新能源汽车产业发展的技术产业化阶段，各国也出台了一系列的产业扶持政策。2008 年 10 月，美国国会在其经济稳定法案中增加了联邦政府

131

为插入式电动车提供分类、分级补贴的详细条款，联邦政府的直接支持高达 10 亿美元。日本于 2009 年 4 月 1 日起实施实行的"绿色税收政策"是对排放性能及油耗性能良好且对环境负荷小的汽车降低其税率，新车注册一定年数后对环境负荷大的汽车作为特例处理要提高税率。意大利政府为所有将购买电动汽车的消费者提供 2000 欧元的现金折扣，而且在意大利的一些城市和地区，如果该汽车是一辆"没有汽油或柴油引擎的电动汽车"，对其免除道路税的年限是 5 年，保险也相应地减少约 50%。

第二节 原创性高新技术产业发展制度的作用机制

马克思主义经济学一直将制度与制度创新视为经济发展的内生变量。新制度经济学的分析表明，制度是继天赋要素、技术、偏好之后经济理论的第四大柱石，制度短缺或制度供给的滞后等制度缺陷同样会制约经济发展。而且，制度具有"资产专用性"，制度短缺不能由其他要素替代。一种体制比另一种体制效率高的原因就在于制度的不同，同样的生产要素在不同国家效率的差异实质上也就是一种制度的差异。发展中国家与发达国家的差距在很大程度上是制度的差异。高技术产业发展并不是生产要素的简单叠加，土地、劳动力、资本和技术这些要素，有了制度才得以发挥功能。20 世纪 80 年代以来一些技术创新经济学家逐渐纠正过去单纯注重技术因素的偏差，开始重视影响技术创新的制度因素。弗里曼在《技术与经济绩效：来自日本的经验》一文中，指出政府的政策是技术创新制度因素之一。纳尔逊在 1987 年的《美国支持技术进步的制度》一文中，指出创新的制度因素包括市场制度、专利制度和政府支持技术创新的政策和计划，并认为，最有价值的技术创新制度类型是适宜的税收和财政支持政策、鼓励合作研究开发的政策、创造风险投资基金以及加强科研机构和产业部门合作的政策等。

经济外部性理论认为，政府介入市场主要是赶超战略的存在①。外部性的概念是阿尔弗雷德·马歇尔（1997）率先提出的。到了20世纪20年代，另一位剑桥经济学家庇古在其名著《福利经济学》中进一步研究和完善了外部性问题。他提出了"内部不经济"和"外部不经济"的概念，并从社会资源最优配置的角度出发，应用边际分析方法，提出了边际社会净产值和边际私人净产值，最终形成了外部性理论。自从庇古以来，关于私人成本与社会成本之间的背离或者所谓"外部性"的理论一直是鼓励政府干预市场活动以矫正市场无效率的重要依据。

从新兴产业保护理论的角度来看，制度是为了培育幼稚产业在国际市场范围内的竞争力，减轻现有国际市场竞争威胁而采取的相应措施②。由于消化吸收复杂技术需要时间，生产经验的积累也需要相当长的时间，因此政府有必要从外部竞争方面加以经济调节和管理，对新兴的产业给予保护，这种保护采取的形式有关税、生产许可证等方式。

"市场失灵"理论认为，高新技术产业本身具有准公共物品性和外部性。尽管研究与开发首次使用成本是巨大的，但是以后使用的边际成本趋近于零。知识一旦被创造出来，几乎能免费使用，这对搭便车行为产生强烈激励。高新技术成果易于无报酬扩散或盗窃，使有些厂家不劳而获，且消费者只需支出与研究成本相比很低的成本即可获取效用，这必将降低研究开发主体的创新冲动。由于研究与开发具有外溢效应③政府就必须在考虑社会效益的基础上对研究与开发活动的外溢性提供税收优惠等方面的刺激来降低研究与开发成本，提高高新技术产业的产业业绩。同时"政府失灵"理

133

---

① 张淦锋：《关于经济外部性的探讨》，金融经济，2007（4）。

② 侯云先、林文：《新兴产业保护中的两产品关税谈判模型》，系统工程学报，2004（5）。

③ Nelson, R. R., The Role of Knowledge in R&D Efficiency [J]. Quarterly Journal of Economics, 97（3）.

论认为，高新技术产业化"政府失灵"问题是指高新技术产业活动中，企业通过单纯的、垄断性的政府功能代替或取代市场机制行为所导致的政府功能的缺陷与不足，既是一种功能性失灵，也是一种机制性失灵和体制性失灵。其特点是：高新技术产业化政府失灵根植于高新技术产业化信息的不完全性，产生于政府行为效率和创新不足，与政府责任的强化和改善需求不力有关，其直接表现就是政府财政杠杆的功能不足或错位。另外，高新技术产业化政府失灵还与决策者非理性因素有关①。

134 从产业发展过程来看，经济学家普遍认为原创性高新技术产业从萌芽到成长再到市场地位的确立，巩固和持续的过程有三种方式：市场自发的产业形成与发展路径、政府培育的产业形成与发展路径以及市场选择与政府扶持共同作用的产业形成与发展路径。对于市场拉动式路径，主要是指原创性高新技术产业在自然市场环境下依靠自身力量进行生存竞争，并获得市场拉动进而逐步成长起来。政府培育的原创性高新技术产业则是在人为市场环境下进行生存竞争并逐步谋求发展的结果。然而对于原创性高新技术产业的形成和发展而言，纯粹的市场自发模式和政府培育模式在现实经济中是不存在的，通常情形是在市场推动与政府政策共同构筑的环境中形成和发展。由于市场缺陷的存在，制度对新兴产业的发展显得尤为重要。从政府与企业的关系角度看，政府是为企业服务的，政府的行为必须服从于产业发展的要求，服从于企业的需要②，因此制度可以有效干预原创性高新技术产业的发展路径，从多方面引导和推动其发展，对它健康有序发展起关键作用。

综上所述，我们可以将原创性高新技术产业化发展的诸要素技术、组织、市场、制度视为一个有机系统，系统对原创性高新技术产业化的推动力表现为各要素的合力。制度作为基本要素之一，尽

---

① 付文京：《我国产业政策中的政府失灵问题》，合作经济与科技，2006（3）。
② 陈洪涛：《新兴产业发展中政府作用机制研究》，浙江大学，2009 年。

管处在要素结构的外围，但是它对原创性高新技术产业化的影响非常深远，突出表现为通过各种政策工具激发和放大其他要素的功能和作用。例如，政府运用财政补贴和税收优惠政策激励人才技术创新和企业投资产业化；建立健全风险投资体制，为高新技术产业化提供充足的资金来源；发展教育，为高新技术产业化提供人力资源和智力支持；完善高新技术产业开发区建设，为高新技术企业搭建生存平台和拓宽其发展空间，营造良好的载体等。它的作用机制主要体现在以下三个方面。

（1）引导功能。通过政策的导向性规定，一方面引导技术创新，使之符合国家的科技战略和国民经济及社会发展的总目标；另一方面引导高新技术成果商品化、产业化。

（2）激励功能。政府通过制定和实施财政、税收、金融、信贷、人才等方面的优惠政策，营造良好的政策环境，激励、支持高新技术成果研究开发、商品化、产业化，加速知识创新、技术创新并转化为现实生产力，最终形成产业优势。

（3）协调功能。通过高新技术产业化政策的制定和实施，协调政府、企业、研究机构的行为和资源，建立国家创新体系，系统地推进国家技术创新和重大技术的转化；协调技术创新主体和技术转化主体相互关系，减少缺乏沟通而给高新技术产业化造成的信息障碍；协调高新技术产业与传统产业的关系，实现高新技术产业向传统产业渗透，逐步改造传统产业，达到优化产业结构的目的。

第三节 原创性高新技术产业制度创新案例分析

制度在高新技术产业发展中具有内在的重要作用机制，尤其在创新风险非常高的原创性高新技术产业中制度的作用发挥及其程度尤为重要。通过太阳能光伏产业等案例可以进一步理解制度的作用机制。

一　太阳能光伏产业的各国政策特征及绩效比较

光伏发展战略是各国可再生能源战略中不可或缺的一部分，是指导国家能源可持续发展，保障能源安全的总方略之一。在能源安全问题、环境保护的国际共识以及各国对太阳能发展战略布局因素的推动下，目前很多国家都逐渐进入了光伏电力大规模市场应用的时代。

（一）太阳能光伏产业的应用政策类别

根据 IEA（2010）分类，光伏电力市场应用的具体措施主要包括上网固定电价（FIT）、直接资金补贴（DCS）、绿色电力计划（GES）、光伏绿色电力计划（PVGES）、可再生能源投资组合标准或配额标准（RPS）、RPS 中太阳能光伏计划（PVRPS）、光伏投资基金或金融计划（PV IF/FS）、税收抵免（TC）、净电表计量制（NM/NB）、商业银行活动（CBA）、电力公用事业部门活动（EUA）、可持续建筑要求（SBR）等①。其中，FIT、DCS、GES、RPS、TC 和 SBR 在光伏电力应用推广中普遍运用，又以 FIT 使用国家最多，支持力度最大（见表 5 - 2,表 5 - 3）。

FIT 制度确保了发电实体可将光伏电力出售给电网并获得长期收入。而且与电网协定好的售电费率，通常高于市场电价，以确保电力供给者获得一定的利润回报。从各国指示性家庭零售电价（IHREP）可见，德国家庭电价最高，是美国的 2.7 倍，同等光照和补贴力度下，最有可能促进市场应用。而西班牙和意大利补贴力度最大，在执行 FIT 政策后，成为年均增长速度最快的国家（见表 5 - 3）。

① 余杨、包海波：《太阳能光伏市场应用政策的国别比较研究》，科技管理研究，2012（16）。

表 5 - 2 太阳能光伏市场应用主要政策分类比较

	FIT	DCS	GES	RPS	TC	SBR
政策类别	对光伏发电提供明确的货币奖励。通常由电力公司支付，费率（千瓦时）高于用户支付的电力零售价格	直接的财政补贴，旨在解决当前的成本障碍，无论是对特定的设备或总成本	在议价基础上，允许用户从电力公司购买光伏能源的电力供给	强制要求电力公共事业部门（通常是电力零售商）电力供给的一部分必须来自可持续性能源	光伏安装的部分或所有费用应从纳税收入额度中扣除	新造建筑（住宅或商用），或出售资产，要求光伏发电作为减少建筑能耗的一种选择或明确规定必须包括在建筑开发
目标客户	联网客户，并有业务现金流量要求，如房地产开发商、投资商、商业实体等	资金有限的光伏用户，如家庭用户、小型商业、公共机构等	居民和商业电力用户	相关责任方，尤其是电力零售商	税收责任的实体，如工薪族和企业	新建筑开发（住宅和商业）；也可以是用于出售的资产
执行机构	由电力行业计费实体管理	要求政府管理部门的大力支持来处理申请、审批和付款	电力公司商业业务；公共管理部门支持项目的评审	通过监管机构的公共管理支持	现有的税务机构进行管理	由当地房屋审批机构管理
经济与政治考量	将能源供给相关的外部性效应内部化	部署光伏发电的主要障碍为前期资本成本，针对离网和并网项目	推动光伏电力销售的商业化、市场化运作	可以认为是电力市场的运行被扭曲，尤其当强制性规定过高时	与直接资金补贴的利益是一致的，还避免了一些负面的利益	取决于资产价格和建筑文化的接受程度

资料来源：IEA

137

表 5 - 3　　　　　　　　各国太阳能光伏市场应用政策分类

	FIT	DCS	GES	RPS	TC	SBR	PV IF	NM	CBA	EUA	IHREPc
美国	√	√	√	√	√	√	√	√	√	√	11.58
德国	37.82 — 51.5	√	√		·	√	√	√	√	√	31.6
日本	54，7	√	√	√	√				√	√	20.4 — 27.5
西班牙	42，4		√			√	√			√	
意大利	45.5 — 61.9	√	√					√			22.4
中国	√						√				
IEA05	7	12	4	5	na	na	na	na	na		
IEA06	10	11	10	5	8	7	5	9	3	10	
IEA07	12	12	9	5	7	8	4	9	5	8	
IEA08	13	12	10	5	8	9	4	10	6	10	
IEA09	15	11	9	5	7	10	5	9	7	8	
IEA10	15	12	9	5	8	10	5	11	8	9	

注：IEA05，IEA06，IEA07，IEA08，IEA09 和 IEA10 表示 2005—2010 年 IEA PVSP 项目国家。b，c. 美分/瓦

数据来源：IEA

（二）光伏市场应用国别政策特征

各国光伏发展战略和规划的不同导致了市场应用政策的差异性。我们通过对光伏技术领先，市场应用最早的美、德和日比较分析，揭示政策差异性所导致市场发展方式的各种特征。

特征一：着力培育光伏产业的壮大，而忽视市场应用的推广。1974—2009 年美国颁布与太阳能光伏市场发展相关的政策文件共 59 项，其中 8 项为专项，通过联邦、州和地方各级行政部门促进产业发展和市场应用的实际措施，是所有光伏大国中类别最全的国家。但由于美国并未有任何降低温室效应排放的国际承诺，且电力市场交易基本由各州自行管理，所以国家层面的发展重点始终是技术引领下的产业发展。2006 年前，没有联邦层面推进光伏发电大规模市场应用的资金支持。光伏市场发展主要依靠各州及地方政府对绿色电力的政策扶持，其中 2 个州和 1 个地方政府实行 FIT，20 个州实行 DCS，41 个州实行 GES，36 个州实行 RPS（其中 22 个州有太阳能份额要求），43 个州实行 NM。2006 年，随着布什政府提出《先进能源计划》以及旨在降低成本和技术市场化的《太阳能美国计划（SAI）》的实施，联邦政府才开始逐步推进光伏发电规模化的市场应用。2008 年底由该计划制订的 30% 的投资税收减免政策即将失效，曾引起市场需求井喷，担忧该政策取消。2009 年奥巴马经济刺激法案出台，将税收减免有效期延续到 2016 年，并设立了专项税收减免和信贷扶持政策，但由于政策重心以推动经济发展为首要目标，因此美国太阳能光伏发展政策始终呈现产业扶持强大，而市场应用相对不足的局面。

特征二：坚持光伏产业与市场应用齐头并进，以实际行动推广"绿色"电力。1985—2012 年，德国颁布与太阳能光伏电力发展相关的政策文件共 35 项，其中 6 项为专项，通过不断完善法案、扩大金融资助和严格执行计划，使德国在产业技术发展和市场推广应用两方面都独占鳌头，不但确保了阶段性产业和市场目标超额完成，而且兑现了二氧化碳减排承诺及建立竞争性绿色电价机制的各项要求。其中，最重要措施为 2000 年 EEG 法案及 2004 年、2009 年修正案推出的联邦政府层面金融支持力度最大的光伏市场 FIT 政策和 FIT 新政。该政策扶持的群体包括所有并网用户，虽根据用户群体扶持程度有所差异，但配合《100000 屋顶计划》和《太阳能发电计划》，超额完成了市场发展目标。联邦州政府层面，只有五个州推行其他以市场应用为主的政策措施。在政策的退出机制上，随着市场扶持力度逐年递减，研发投入却在逐年递增，这不但确保了市场应用的规模化和高效化，而且使政策的推动力逐渐被市场化运作所取代。

特征三：立足于不同光伏示范项目的可行性论证，有序推进市场的广泛应用。1980—2009 年日本颁布与光伏电力发展相关的政策文件共 18 项，其中 5 项为专项，通过开拓初始市场，以示范项目为依托，充分调动地方政府与各类机构参与市场开发是日本推进光伏市场应用不同于美国、德国的地方。示范项目涉及居民住宅、公共设施、工业厂房、商业建筑等不同安装方式、规模和用途的初始市场开发，是光伏电力应用可行性项目最全、涉及面最广的国家。当示范项目基本达到自主运营后，项目后续扶持即告结束。在 1992—1997 年"住宅光伏系统监管计划"和 1992—2005 年"住宅光伏系统普及计划"中，先以投资补贴的方式解决了占年均总安装量 90% 份额的前期资金投入相对困难的终端用户项目，如屋顶计划、中小发电系统等，在 IEA PVPS 项目中这些则是被列为市场开发的范围。而后补贴资金逐年减少，至 2005 年计划结束，终端用户在没有国家资金补贴的情况下不仅能与常规能源市场电价竞争，而且还助推了 532 个地方政府扶持太阳能光伏市场应用的参与积极性。2007 年后，日本转向大型电场项目示范工程，并继续扩大住宅和集体建筑项目，及启动应对环境保护的开发项目。政府政策措施也更为丰富与坚定，如 FIT 政策的启动使日本 2010 年光伏安装率重新超过了美国。

140

（三）推进光伏电力发展的政策绩效分析

在不同光伏政策特征的影响下，各国执行政策后的绩效也各有差别。我们从四个维度来分析各国推进太阳能光伏电力应用的政策绩效。

首先，从资金支出分布与安装总量看，德国和美国位居技术研发与市场开拓支出的绝对优势，并呈逐年增长趋势，但是美国安装总量远不及其他国家；日本在 2003 年之前的研发与市场支出及年安装率均位居世界第一，在资金支出大幅下降后，安装增量停滞不前，影响了在世界的领先地位。但如果将日本光伏应用市场开发的特征考虑进来，那么大量示范项目所累积的推广经验及全民参与推动绿色能源应用观念的普及，使日本的实际情况并非如数据显示的那样处于"落后"位置；意大利代表光伏电力市场应用新兴国家，尽管研发投入不高，但市场开发资金增量相当可观，安装总量及增速均已超过美日。

其次，从光伏产业发展与竞争力看，美国一直保持技术先导性和成本经济性的稳定地位。不仅在多晶硅原料需求疯狂的 2004—2008 年，保持了整体生产规模、单体产量及供应能力的最大化，使其国内组件在世界最低价格和最小区间内波动，并且在市场疲软的 2009—2011 年，依然维持原料产量和组件价格的优势地位。比较之下，其他国家均不如美国；近年来，日本尽管以低价格优势保持了高出口率，但原料产能增速却远远不及美国和德国，电池与组件产量也远不如中国大陆和台湾等新兴地区，严重影响了日本光伏产业在国际市场中的竞争力；德国受国内需求冲击的影响，组件价格波动区间跨度很大，但依然能够维持单体生产规模与总量的国际市场竞争优势。

再次，从已安装发电系统成本和应用经济性来看，德国光伏电力应用市场的全面推进政策，使得各种规模光伏发电系统的应用成本均低于其他国家；日本由于对屋顶计划的大力扶持，使得小规模发电系统应用最为普遍高效；在组件成本上，美国具有明显的成本

141

优势，但在安装环节却未能发挥出规模经济效应，总安装成本不能达到终端用户的可支付目标，且价格明显高于德国与日本；而意大利和西班牙作为太阳能光伏电力应用的新兴国家产业优势不强，组件成本较高，但发电系统的大规模应用使其安装的规模效应不断显现，组件成本呈现明显下滑趋势。

最后，从发展平稳性与市场普及效果看，德国 FIT 政策的高额补贴和有序的政策退出机制，使光伏电力应用在快速增长的同时还确保了与其他传统电力市场的竞争性；日本阶段性推进光伏电力应用市场的措施，使得示范项目退出后，依然能够维持光伏系统的运作和增长量的平稳；美国政府对光伏产业发展的偏向性和各州电力市场管理的独立性，使加州长期占据全国安装量的 80%，市场普及效果很不均衡；西班牙过高的 FIT 补贴导致了全国性欺诈事件，近 1/4 户外安装工厂受到调查。而且随着 FIT 补贴政策的变动还导致了市场需求的剧烈震动。

表 5 - 4　　　　　各国市场开发资金支持（百万美金）

	DEU	ITA	JAP	USA
2000 年	27 + 0.5	Na + 0.3	129 + 37	85 + 0
2001 年	30 + 5.4	34.3 + 0	188 + 17	85 + 0
2002 年	79 + 0	51.8 + 0	185 + 36	80 + 0
2003 年	757 + 0	22.6 + 0.2	91 + 32	274 + 0
2004 年	309 + 0	28.4 + 0.3	49 + 103	180 + 10.5
2005 年	na + 0	37 + 0.3	24 + 96	180 + 1
2006 年	1000 + 0	7.50 + 0.3	36 + 117	440 + 3
2007 年	> 1000	27.4	na	452
2008 年	> 1000	117.6	10.7	> 505.5
2009 年	> 1000	405.6	43.1	> 505.5
2010 年	na	na	55.1	na

数据来源：IEA

二　日本新能源汽车产业发展的政策选择

（一）日本新能源汽车产发展的战略规划

从世界范围的新能源汽车产业化发展现状来看，日本是最早开始发展电动汽车的国家之一。日本国土狭小，石油资源匮乏，几乎完全依赖进口。同时日本工业发达，人口密度很大，城市污染严重。20世纪60年代汽车尾气污染给东京和大阪等大城市带来了严重的环境问题，加之20世纪70年代的石油危机使日本经济受到严重打击。因此，日本政府特别重视新能源汽车的研究和开发。为了保持汽车产业的国际竞争力以及全球市场的领先地位，日本政府从国家层面上，通过政府引导、国民启发、相关基础设施建设及人才培养等方面制定了具体的发展战略①。

第一，政府引导战略。日本内阁于2007年3月30日公布了《关于降低温室气体排放量政府应施措施的计划》。该计划以2007年至2012年为限，要求以环境省为首的政府公务部门用车要达到100%的低公害率；政府要从新能源汽车的普及、生物能供给和快速充电设备的设置、生物质能燃料的利用以及国家率先引入新能源汽车等四个方面努力。目前，日本环境省已经率先购买了21辆新能源汽车。另外2007年，日本政府总计购买了2700辆新能源汽车，政府用车的低公害率已经达到1000rk。地方政府约41.5万辆的用车总数中，低公害车为1万辆左右。

第二，国民启发战略。从1986年至2007年旨在宣传绿色能源汽车的"环保车的世界"运动已经开展24回。且从2003年开始，日本环境省和地方政府利用公有新能源汽车，在学校和居民社区展开了多种多样的宣传活动。此外，日环境省、经济产业省和国土交通省还联合组织编写低公害汽车的宣传册，并分发给市民以供阅览。作为新能源汽车未来产业化方向的准备，日本还开展消费者启

①　孙浩然：《日本新能源汽车产业的发展战略》，吉林大学，2011年。

发活动,从侧面支援普及与实用化。2003 年,日本启动了"燃料电池汽车启发推进事业",对地方公共团体主办的活动中展示燃料电池汽车、试乘会,作为学校教材使用等给予了支援,向实施主体提供了上限 500 万日元的定额补贴。

第三,基础设施建设战略。新能源汽车产业链上,充电站作为汽车的能量供给源,其建设是基础中的基础。通过各大中型城市公路两侧每隔 5 公里就建有加油站可以看出,充电站对电动汽车的重要性。目前,日本政府已经充分认识到,电动汽车能否普及取决于充电基础设施是否完备,并将新能源汽车产业与现代绿色城市建设紧密结合在一起,同时在充电设备建设上展开了全国范围内的试点工作。2009 年开始,以构筑官民一体化的新能源汽车合作机制为目标,日本在全国首批试点的 8 个 EV/PHV(电动汽车/混合动力汽车)示范区设定了充电基础设施建设目标,并根据各个区域的特征,按照相应的规划,实施充电基础设施建设以及给予相应的扶持政策。目前,日本政府已经收集了这些示范项目的各项信息,为今后的电动汽车与插入式混合动力汽车发展以及充电基础设施建设提供详尽的参考数据。

第四,人才战略。近年来,为应对国际人才争夺日益激烈的形势,推进日本在国际标准制定体系中的话语权,以及在电池研发、信息网络、资源回收等新能源汽车技术领域取得制高点,日本政府计划通过官、产、学紧密合作,大力实施国际化人才战略,积极吸引国内外科技人才,使得日本成为继美国之后全球最大的高科技人力资源消费国和受益国。21 世纪初,由于日本国内经济结构发生变化,日本高科技人才缺口达到 160 万到 445 万人。为此政府积极采取各种措施吸引外籍科研人员,例如吸引留学生,推动国际化教育;直接从国外招募人才;为外国人才提供优惠政策等。但是,在吸引外来人才的同时,日本更注重本国高科技人才的培养与使用。对本国高科技、高素质人才的培养也成为日本当前最重要的任务。为此,政府推出了一系列政策和措施,包括教育科技改革、综合人才开发、科技人才培养等。同时，日本政府通过积极实施国际项目合作，培育高水平的国际标准化相关人才，并以此为契机，构建青年技术人员的培养机制，增强自身技术实力，防止本国高技术人才的海外流失。

（二）日本新能源汽车产发展的政策措施

为了大力发展新能源汽车产业，日本国内在产官学三界形成了战略共识。并且日本政府在财政税收，技术扶持以及基础设施建设等方面，制定了一系列政策措施以鼓励其发展。

一是环保汽车减税政策。1999 年日本就曾在运输政策审议会报告中提出"汽车税制绿色化"这一概念，并在 2001 年对税制进行了修改。该税制具体就是汽车税（微型车除外）以税制中立为前提，一方面，对低污染、低耗能的汽车最多可减轻 50% 的汽车税；另一方面，对首次注册后超过 11 年的柴油车以及超过 13 年的汽油车增加 10% 的汽车税。同时，降低购买低排放、低污染汽车的购置税。为了促进国内新能源及环保汽车的普及，并实现汽车产业结构转型，日本于 2009 年 4 月 1 日起开始实施"绿色税制"，它的适用对象包括纯电动汽车、混合动力汽车、清洁柴油车、天然气车以及获得认定的低排放且低油耗的车辆。前三类汽车被日本政府定义为"下一代汽车"，购买这类车的用户可享受免除多种税负优惠。从 2009 年 4 月起，对未来三年内新购买混合动力车、纯电动汽车、天然气汽车的用户全部免除购置税和重量税。2009 年 4 月 1 日至 2010 年 3 月 31 日，对于低能耗、低污染汽车等，实施临时减免机动车重量税及购置税的措施。根据上述标准，以丰田混合动力汽车"PruiS"为例可累计减税 14.45 万日元。

二是环保汽车新购及以旧换新补贴政策。为刺激日本低迷的汽车市场，替换使用年限较长的车辆，日本政府出台了总额达 3700 亿日元的"环保汽车新购及以旧换新补贴政策"。在 2009 年 4 月 10 日至 2010 年 3 月 31 日期间对购买达到政府规定排放标准的节能汽车的用户给予补助；对车龄在 13 年以上的换购环保汽车的消费者，给予最高 30 万日元的补贴优惠。日本政府希望借此新政带动 100 万辆新车的销售。2010 年 1 月 25 日，日本政府通过第二次补充预算案，其中包括继续划拨专款，为本国消费者购买节能汽车提供补贴。同时，日本政府还扩大了环保汽车补贴范围，凡进口到日本的节能汽车，只要达到日本政府规定的排放标准，都可以获得日本政府的补贴。此外，为激励汽车厂家改进和开发新能源汽车技术，日本政府还规定，政府机关用车必须全部使用"低污染，低耗能车"。

三是电池技术扶植政策。日本业界普遍认为，锂离子电池作为未来的主流技术路线，将在 2011 年开始逐步取代镍氢电池。为了促进混合动力汽车及电动车产业发展，尤其是其核心技术——车载锂电池研发，日本经济产业省所属的新能源产业技术综合开发机构（NEDO）成立了"ALL Japan"体制。该体制由丰田、日产等 5 家汽车厂商、三洋电机、GSYuasa Corporation 等多家电池企业及京都大学、东北大学等 10 家研究机构共同组成，对新一代锂电池关键技术进行攻关，共同实施 2009 年度"革新型蓄电池尖端科学基础研究专项"项目。在燃料电池推广方面，日本也制订了多项措施和计划。2003 年日本国土交通省制订了燃料电池汽车实用促进计划，以行政独立法人"交通安全环境研究所"为核心研究机构，成立了"促进燃料电池汽车实用化项目研讨会"，投入 3.5 亿日元，用来探讨制定有关车辆安全、环境方面的标准和研究有关燃料电池车作为道路维修管理车辆进行实验性导入等问题。2005 年 3 月，该省制定了世界上首个以压缩氢气为燃料的燃料电池汽车安全与环境标准，并对国内 2 家汽车制造企业的燃料电池汽车进行了认证。2005 年 10 月，日本国土交通省投入 2.15 亿日元，成立了"燃料电池巴士技术研讨会"，以促进燃料电池巴士的下一阶段的应用。该项目还对燃料电池巴士进行了公路测试，取得了相关数据，并汇总在 2006 年实现燃料电池巴士实用化所需的技术标准上。日本政府在 2006 年度预算内，划拨 199 亿日元用于燃料电池及相关技术开发，33亿日元用于燃料电池产业化实验，88亿日元用于新能源汽车市场导入。2006年至2009年，对从事燃料电池汽车、燃料电池车用燃料供给设备、燃料电池设备开发的企业，给予税收方面的支持。在政府的支持与推动下，中介机构为日本从事新能源汽车研发的中小企业提供了大量援助。

四是生物燃料技术扶植政策。此外，日本还非常重视生物燃料技术的开发。在新能源汽车及其燃料替代推广方面，日本也制订了多项措施和计划。目前，生物燃料是日本进行燃料替代推广计划中的重点，为此，日本政府在2007年开始着手生物燃料的普及，制定了"2010年单年度生产生物燃料5000万升"的目标。2007年2月，日本农林水产省制定了大幅度扩大本国生物燃料生产的工程进度表，2007年在原有年度预算中追加了预算额为109亿日元的"生物燃料利用样板实证项目"，其中，85亿日元用来支持生物燃料利用地区试点工程项目，15亿日元用来支持生物能源利用技术的开发，9亿日元用于其他研发经费。目前，日本已在全国选定了包括北海道、山形县、大阪市、冈山县、冲绳县5个地区作为生物乙醇燃料（E3）实证试验地区。氢燃料汽车推广方面，2002年日本经济产业省联合日本各大汽车制造厂商、能源公司共同实施了"旧本氢能与燃料电池示范工程"项目。该项目分为两个阶段进行，即2000—2005年度和2006—2010年度，共有8家汽车制造厂商的试验乘用车参加了路试，收集了在市区环境下的油耗量、行车性能、可靠性、安全性、环境特性等行车数据及加氢站使用数据等。与此同时，日本还建立了14座试验性加氢站，其中在东京建立了9座。这些加氢站的运行为未来在全国供给氢气的基础设施发展上提供了有效的经验。

五是相关基础设施建设政策。为了实现新能源汽车的普及与推广，推动新能源汽车产业的发展，完善充电站、加氢站等相关基础设施的建设是不可或缺的。目前，为方便混合动力汽车及纯电动汽车用户为汽车充电，日本主要石油企业正在抓紧完善相关配套设施。新日本石油公司（ENEOS）和出光兴产株式会社（Idemitsu K – San)已经对电动汽车充电设施进行了实证试验，今后将加快快速充电站等相关设施的建设。同时，在加油站放置快速充电器，以考察用户的充电使用情况及方便程度。另外，一些加油站还安装了太阳能电池板，并与充电器进行连接，利用太阳能为电动车充电。此外，日本经济产业省将联合新能源产业综合机构，与三菱、日产、富士重工等汽车制造厂商及东京电力公司共同成立"快速充电器基础设施推进协议会"。该协议会计划推进日本国内的基础设施建设，并实现日本电动车快速充电器和充电方式的国际标准化。

148 同时，日本经产省还将选定 10 座样板城市来发展环保及新能源汽车示范项目，计划在 2013 年前实现样板城市拥有新能源汽车 32000 辆，充电设施 5000 台，并尽快在全国范围内推广普及。

第四节　原创性高新技术产业政策的国内外经验与启示

在这一部分，我们将首先简要概括我国原始性创新的制度演变以及高新技术产业政策的历史沿革，在此基础上，对国外原创性高新技术产业发展的相关制度进行相关梳理和分析。

一　我国原始性创新的制度演变

改革开放后，特别是 1999 年全国技术创新大会后，科技创新的重要性日渐为人们所认识，对自主知识产权的重视也日益提高。在《关于科技型中小企业创新基金的暂行规定》（1999 年）、《关于建立风险投资机制的若干意见》（1999 年）、《科研条件建设的"十五"发展纲要》（2001 年）、《关于国家高新技术开发区管理体制改革与创新的若干意见》等相关政策法规中，指出要优先支持具有自主知识产权的项目，增强基础研究能力，提高综合国力，实现跨越式发展，初步形成了促进技术创新和产业化的政策法规环境，但这段时期的制度条文尚未提及原始性创新这一概念。

但是这段时期内的原创激励制度不多，并且力度小、创新权益不明确。例如，《关于国家科研计划项目研究成果知识产权管理的若干规定》中，对做出科技成果、创造知识产权的技术开发人员应当享有该成果的部分产权还没有做出明确的规定；对项目承担单位取得知识产权的申请费用、维持费用等知识产权事务支持力度不大；也没有面向市场的激励机制，技术开发人员无法从市场实现价值和取得相应的回报。假如国家无法对原创活动进行有效的保护和激励，给予创新者应有的待遇，保障创新主体的权益，那么，原创的艰辛性和长期性，则是许多创新者坚持不下去的重要原因。

2002 年国家发出《关于进一步增强原始性创新能力的意见》，把促进原始性创新，提高自主创新能力提高到国家重要的战略层次，相关的政策法规不断制定、出台，制度建设逐步走上正轨。

这段时期的原创制度，在学习国外先进制度和总结经验的基础上，对以往的创新制度做了一些修改和补充，也新出台了一些原创活动的制度。例如《科技部加强与科技相关的知识产权保护和管理工作的思路和安排》（2002 年），在科研评价指标和评奖标准中增强了知识产权的指标要求；为解决专利申请费用困难的问题，对于具有抢占国际科技竞争制高点意义的重大专利，给予了全额补助。《关于加强国家科技计划知识产权管理工作的规定》（2003年）又补充，对承担国家科技计划项目获得知识产权的质量和数量较高的单位，给予表彰奖励，并在新项目评审中优先安排；各类科技成果产业化计划、科技型中小企业创新基金等，对知识产权联盟的科技创新活动给予重点支持。《关于充分发挥高等学校科技创新作用的若干意见》（2002 年）提出，从重视科研论文的数量向重视论文质量转变，从重视论文向重视论文与专利并重转变，取消政府导向的 SCI 排名。《关于国有高新技术企业开展股权激励试点工作的指导意见》（2002 年）提出，对企业关键科技成果的主要完成人，重大开发项目的负责人，对企业主导产品或核心技术做出重大创新或改进的主要技术人员进行股权激励。《科学技术评价办法》

149

（试行，2003 年），从原创的立项、评审、监督和奖惩等各个环节，均做了原则性的规定。《关于修改〈国家科学技术奖励条例实施细则〉的决定》（2004 年）中增设，对国家科学技术奖的推荐、评审和异议处理工作进行监督；奖励办公室可以邀请海外同行专家对国家科学技术候选人、候选单位及项目进行评议。还有《国家科技计划项目评审行为准则与监督办法》（2003 年）、《科技部关于全面推进科技管理依法行政的意见》（2004 年）、《关于在国家科技计划管理中建立信用管理制度的决定》（2004 年）、《国家自主创新基础能力建设"十一五"规划》（2007 年）、《自主创新产品政府采购合同管理办法》等等从各个方面逐步规范了我国的原创活动。

为适应国家自主创新战略的实施，我国在技术要素参与收益分配的相关法律政策也做出较大修改。2006 年 1 月实施的新公司法，大幅度提高了技术要素可以占公司股份的比例，最高可达 70%，而科技部也废止了先前的一些不适应形势发展的关于技术要素参与收益分配的有关规定，并于 2006 年 10 月与国家财政部、发改委、劳动保障部等部委联合颁布了《关于企业实行自主创新激励分配制度的若干意见》（财企〔2006〕383 号），对鼓励企业自主创新和加大技术要素参与收益分配的激励，提出新的政策措施。

近两年来，我国越来越重视基础研究在提高原始性创新能力中重要作用，不断加大基础研究投入和完善基础研究的管理制度。《国家基础研究发展"十二五"专项规划》（2012 年）提出保持基础研究投入较快增长，完善知识创新体系，大幅度改善科研条件和环境，加强基础研究创新基地建设，促进我国原始创新能力大幅提升，基础研究整体水平进入世界前列。《关于进一步加强基础研究的若干意见》（2012 年）提出创新组织管理模式，建设知识创新体系，优化基础研究布局，加快创新人才培养，强化创新基地建设，完善科学评价机制，塑造良好科研文化。

二　我国高新技术产业政策的历史沿革

我国高新技术及其产业的发展走过了近半个世纪的历程，随着国民经济的发展和国力的增强，高新技术的研究与开发取得了令人瞩目的成就，已形成了一批具有较高水平的高新技术群，高新技术产业从小到大，迅速发展壮大，高新技术产业发展的制度安排随之不断完善。

从制度变迁与创新的角度分析，我国高新技术产业的发展可以划分为四个阶段[1]。

第一阶段就是 20 世纪 80 年代初以前，这个时期，新中国刚成立不久，经济基础薄弱，资源稀缺，科技水平非常低下，我国实行计划经济体制。我国充分发挥计划经济能够集中力量办大事的优势，集中人力、物力、财力，鼓励大中型企业重点突破，通过国家的重点扶持，依靠本国的科技力量艰苦奋斗，自行研究开发高新技术，并且在西方国家和苏联等东欧国家华人学者的帮助下，在航天、核能等领域取得了骄人的成果。然而在 60—70 年代世界各发达国家高新技术产业迅猛发展的黄金时期，我国却限于封闭，错失了一次大力发展高新技术产业的历史性机遇。到 80 年代初，当我们觉醒时，与发达国家及某些发展中国家之间的技术差距更大了。一些我国需要起步发展的高新技术在国外已经进入成长或成熟期，这时的进入成本很高，小企业难以获得达到规模经济的资源要素，只有大中型企业才有优势进入高新技术产业领域。另外，我国当时刚实现对外开放，经济体制仍然以计划为主，各方面政策却对大企业倾斜。这一切都造成了我国高新技术产业发展的大中企业模式。

第二阶段是从 80 年代初以来，我国高新技术产业的发展进入另一种模式，多元化的高新技术产业发展格局形成。虽然国有大中

---

[1]　刘建武:《我国高新技术产业发展的制度创新研究》，西北大学，2002 年。

型企业依然占有主体地位，但跨国公司已进入中国，乡镇企业异军突起，高新技术小企业快速发展成为其显著的特点，全国涌现出一大批科技开发型的高新技术企业。这一方面得益于我国实行改革开放政策以后，国际环境得到改善，经济实力得到加强，更主要的是由于我国社会主义市场经济体制的确立，从人们意识形态、资源要素分配机制、激励机制等都趋向于创新，使小企业有机会参与高新技术产业的发展，加上政府的政策支持，科技开发型的高技术小企业如雨后春笋般涌现出来。

第三阶段是 20 世纪 90 年代以来，以高新技术与产业发展相结合为主要特征，我国高新技术产业进入高速发展的阶段。我国重点实施了科技攻关计划、"863 计划"、攀登计划、星火计划、火炬计划和成果推广计划，取得了一批科技成果，推进了高新技术产业化进程。同时，通过吸引国际高新技术企业的投资，不断加强国际合作交流，我国高新技术产业加快了国际化的进程。总体上，这一阶段我国高新技术产业整体实力大幅度提升，涌现出一大批高新技术企业，特别是我国高新技术产业制造能力在国际高新技术产业发展中具有重要地位，但原始创新能力与自主知识产权能力还有很大的不足。

第四阶段是 2005 年以来，我国实施自主创新的国家发展战略，从形成自主创新能力和中长期经济发展优势的战略角度，加强科技创新与高新技术产业的全面布局，特别提出将发展战略性新兴产业作为高新技术产业发展的核心。政府政策体系不断完善，相关规划加强战略布局与条件保障，自主创新投入的不断加大，战略性新兴产业技术创新体系与产业链得到系统性的加强，产业发展的核心技术加大研发力度，风险投资、科技服务业、产业战略联盟等高新技术产业组织与支撑机制不断完善，对我国战略性新兴产业与高新技术产业的全面提升以及产业原始创新能力的大幅度创造了有利条件。

三 国外支持原创性高新技术产业相关制度分析

近年来，很多国家和地区政府都推行了积极的创新政策支持和促进原创性高新技术产业的发展。各国的政策大致包含了以下七个方面。

（一）制定合理的战略规划

美国曾先后制订了三次大规模的高技术发展战略与计划，第一次是 20 世纪 40 年代的"曼哈顿计划"，第二次是 20 世纪 60 年代的"阿波罗计划"，第三次是里根政府提出的"星球大战计划"。这三次计划使以航空工业和电子工业为代表的新兴产业得以迅速发展，由此分离出来的产品导致半导体和计算机产业的兴起，直接导致"硅谷"和"128 号公路高技术产业带"的崛起。近年来，美国高度重视原创性高新技术产业发展在新一轮经济增长中的重要作用，进一步制订了相关战略计划。2006 年的《美国竞争力计划》提出高水平创新领域投资 10 年内翻一番、研发投入免税永久性延长、改进基础设施、加强科技人才培养等政策措施。2009 年美国颁布了《美国创新战略：促进可持续增长和提供优良的工作机会》、《重整美国制造业框架》等报告，将培育和发展新能源、新材料、生物、信息网络为代表的产业作为抢占新一轮国际竞争制高点的重要突破口。进入 21 世纪，欧盟和欧洲许多国家将创新作为发展的主要驱动力，加强发展战略研究，并将创新置于国家发展战略的重要位置。例如 2006 年的《构建创新型欧洲》提出在三个方面努力：一是构建创新友好型市场；二是增加创新投入，提高研发效率；三是增加人力资源、资金和知识等要素的流动性。英国创新、大学和技能部发布《创新国家》报告，提出英国创新战略的总目标是使英国成为世界科学的领先国，成为全球经济的知识中心。日本一直把技术立国作为国家经济发展战略，日本于 2009 年 4 月制定了《面向光辉日本的新成长战略》，提出要充分发挥日本的优势，发展环境与能源、健康两大领域。日本政府还公布了面向

2025 年的科技发展路线图，以提升国家创新能力。

（二）建立健全的法律法规体系

美国政府和国会颁布实施了一系列法案，如《美国创新和竞争力法案》、《美国竞争法案》等，在立法上对增强国家竞争力做出明确保障，旨在保持美国科技和创新的全球领导地位。《贝赫—多尔法案》允许大多数联邦实验室向美国的企业和大学授予联邦专利的专有许可证。《史蒂文森—怀德勒法案》明晰了政府在推进商业创新中的广泛作用，确立了使技术主动从联邦实验室转移到产业界的第一个重大措施。除此之外，美国已制定出台的技术相关法规有《合作研究法》、《技术转移法》、《技术扩散法》、《小企业技术创新发展法》、《加强小企业研究与发展法案》、《专利法》、《知识产权法》、《信息法》、《数据库保护法》、《计算机软件法和商标法》等，从而形成了对创新研究强有力的法律保护体系①。欧盟在1995 年发表了《创新》绿皮书，是欧盟创新政策的一个标志，报告提出要建立欧盟专利体系、加强智力财产权保护、简化新兴产业申办的手续，报告还提出了欧洲创新的 13 条行动路径。《单一欧洲法令》明确了欧洲的研发政策应该通过框架计划实施。1996 年欧盟推出《欧洲创新的第一个行动计划》。2007 年，欧盟出台了《第七框架计划》，强调"创新"是该计划的主要目标，突出了对新兴技术领域基础研究的支持。

（三）实施财政科技投入政策

科技研究与开发是高新技术产业化的基础和原动力，各国政府都给予了高新技术研究与开发活动大量的资金支持。美国的财政科研经费预算高，且逐年平稳递增。2009 年美国联邦政府 R&D 预算总额达到 1470 亿美元，其中美国竞争力计划 122.1 亿美元，网络和信息技术研发计划 35 亿美元，先进能源计划 31.7 亿美元，物质

---

① 陈劲、王飞绒：《创新政策：多国比较和发展框架》，浙江大学出版社 2005 年版。

科学与工程计划 137 亿美元，气候变化科技计划 86 亿美元。2010
年的《奥巴马—拜登新能源计划》中提出，今后 10 年内将投资
1500 亿美元，重点发展混合动力型汽车、下一代生物燃料、洁净
煤技术等新能源产业。美国政府支持技术创新有很强的选择性，支
持的 R&D 项目大致有三类：第一类是基础研究，第二类是政府需
要的项目，第三类是能提高特定产业和企业群的商业竞争力的项
目。美国主要采用直接的研究与开发投资政策，重点用于社会效益
较大的公共产品以及私人不愿投资的基础研究，经费投入呈逐年增
加的趋势。近十年，美国政府的科技投入占全国研究开发投入的一
半，其中，很大部分是用于公共产品性质的领域，例如信息技术和
国防等。由于高起点和高投入的资金支持政策，美国在信息、生物
技术、航空航天、能源等重大高新技术产业领域取得了绝对优势。

欧盟从 2007 年开始实施的《第七框架计划》总预算高达
505.21 亿欧元，优先发展信息通信、能源、交通运输等十个关键
领域。作为欧盟的政策性银行，欧洲投资银行（EIB）为高新技术
企业提供了大量融资服务，例如它实施的 10 亿欧元的《阿姆斯特
丹行动方案》、1.25 亿欧元的《欧洲技术融资便利专项计划》，促
进了高新技术企业风险资本和股权资本的引入。英国政府发布了
《科学与创新投资框架（2004—2014）》，保证 R&D 投入增速高于
经济增速，最终使英国 R&D 投入占 GDP 比重达到 2.5%。德国政
府推出的《德国高技术战略》计划，将投入 146 亿欧元，重点支
持纳米技术、生物技术、光学技术、能源技术等 17 个尖端领域。
德国政府还以"低息贷款"为手段，实施了"创新信贷计划"，间
接资助中小企业与研究机构之间的合作。法国政府宣布建立 200 亿
欧元的"战略投资基金"，主要用于对能源、汽车航空等战略企业
的投资于入股。法国的"国家风险资本基金"至少将其一半以上
的资金用于资助发明型企业，并将招标规则运用到特殊领域的
R&D 项目中；法国国家研究成果推广署还通过"创新资助金"扶
持创办不到三年的高新技术企业，同时政府为鼓励企业借助外脑研

究开发重大技术，还应用"技术咨询补贴"资助企业，补贴额为两万法郎和补贴企业咨询费的 50%。重视增大科技投入是战后日本的一贯方针。从 80 年代初提出"科技立国"战略后，日本政府更是加大了对科技投入的力度。在遭受金融危机的冲击下，1998 年日本的科技预算仍比上年增加了 21.6%。日本 2006 年起实施的《第三期科学技术基本计划》总预算为 25 万亿日元，重点支持生命科学、信息通信、环境、纳米技术和材料四个关键技术领域的技术发展。日本政府从 20 世纪 60 年代中期开始设立了一些研究开发补助金制度，例如大型工业技术研究开发委托费、技术改善补助金、促进电子计算机开发补助金、下一代产业基础技术研究开发委托费等；通产省和邮政省成立"基础技术研究促进中心"，吸收国家和民间资金，向开展技术研究与开发的民间企业有条件的无息贷款，条件为技术开发并产业化成功，则必须付息。韩国政府是通过基金形式来援助企业的技术研究与开发活动，例如，科学技术振兴基金，国产机械购入基金，中小企业结构调整基金等。

（四）实施高新技术企业税收优惠政策

制定针对高新技术产业和企业的税收优惠政策，是世界各国或地区政府促进高新技术产业化的普遍做法，各国通过减税或免税，鼓励民间创立高新技术企业。美国联邦政府对研究开发的税收刺激主要有四个组成部分：其一，对研究开发活动支出的税收减免，包括企业为研究开发人员的支出的工资和供产品、合同研究支付额的 65%；其二，对于跨国企业和收入和支出的处理；其三，对于资本设备投资的税收优惠；其四，累进性的税收优惠（即在创新初期实行低税率，甚至补贴，其后随着创新的成熟、市场的扩大、税率不断加大的税收优惠制度），该制度涉及所有的工业部门和所有类型的企业，这也是美国的研究开发税收优惠政策与其他国家政策的一个重要区别，并不是依据企业类型而定。美国政府颁布了《S 项修改法案》，规定技术密集型企业减免 1/3 的税款；1978 年国会通过《岁入法案》将资本收益税从 49.5% 降低到 28%，促进了创业投资增加了十倍；1981 年通过了《经济复兴税法》，规定投资税税率从 49% 降到 25%，而后国会又通过了对该法案的修正案，将投资税税率再一次降到 20%，有力地促进了高新技术产业化方面的投资。

在金融体制不利创业投资的情况下，德国政府于 1997 年出台了《德国金融市场促进法》，免征风险投资公司工商税和风险投资股权转让收益税，自 1997 年起取消财产税和营业资本税。法国政府的《税务总条例》，规定凡企业的研究开发成本投资每年增长率比上两年的平均增长率超过 50% 的企业均可享受减税，增加部分的 50% 可从企业应该缴纳的所得税中扣除。日本政府的税收优惠措施主要有以下几种：一是对重大技术的研究开发设备的税收优惠；二是增加实验研究费的税额扣除制度；三是对引进外国技术使用费的预扣赋税率以及免征重要机械产品的进口关税。如 20 世纪 80 年代中期日本政府就分别制定了《促进基础技术开发税制》和《关于加强中小企业技术基础的税制》，在这两个税制中规定，企业用于购置基础技术（包括尖端电子技术、生物技术、新材料技术、电信技术及空间开发技术）开发的资产免税 7%，对中小企业研究开发和试验经费免税 6%。

（五）开辟风险投资渠道

风险投资作为支持高科技风险企业的一种重要资金来源，其活跃程度直接关系到高新技术产业化和高新技术产业发展的大局。因此，各国政府大力培育风险投资，纷纷组建风险投资公司，完善风险投资体制。为了壮大风险资本，提高民间参与风险投资的积极性，美国政府采取了提供贷款担保和直接注入启动资金的举措。1958 年美国迫于来自苏联的高新技术产业竞争压力，成立了风险投资体系典型代表的中小企业管理局（SBA），主要职责是为高新技术中小企业提供银行贷款担保，贷款在 15.5 万美元以下的提供 90% 的担保，贷款在 15.5 万美元以上的提供 85% 的担保。同年美国国会通过了中小企业法案，同意批准成立中小企业投资公司

（SBIC），为支持其发展，允许 SBIC 每注入一美元的资金就可以向中小企业管理局借 4 美元的低息贷款，这一举措强烈激励了 SBIC 的发展，仅 5 年中就成立了 629 家 SBIC，拥有资金 4.64 亿美元。1978 年，美国马萨诸塞州成立了州技术发展公司，由州政府提供风险资金，由此吸引更多的民间资本，1978—1985 年，该公司平均每一美元的政府投资就吸引私人资本 5.5 美元的民间资本，使该州风险投资的规模迅速扩大。1978—1980 年间，美国劳工部对《雇佣退休收入保险法案》中的"审慎人"及"计划资产"等项目进行了修改，允许养老基金进入风险投资领域，缓解了风险资金不足的矛盾，如今养老基金为美国风险投资提供了将近一半的资金来源。美国通过给予天使投资税收优惠、创立天使投资网、实行规范化经营等方式促进风险投资市场的发展，2011 年美国风险投资总额达到 284.3 亿美元。

　　在韩国风险投资的发展历程中，韩国政府出资建立了四家主要风险投资公司，1974 年韩国政府成立的第一家风险投资公司——韩国技术振兴株式会社（KTAC），1980 年又相继建立三家风险投资公司——韩国技术开发株式会社（KTDc）、韩国开发株式会社（KTIC）、韩国技术金融株式会社（KTFC）。1986 年，韩国经济部制定《新技术事业金融支援法》，将上述四家公司合并为新技术金融株式会社，业务范围定为技术项目的研发、科技成果的商品化、新技术转让和应用推广。目前该公司的资本将近 2000 亿美元，由 7.2% 的股权和 92.8% 的债权及租赁组成，政府资金占 35.2%，吸引了大量民间资本介入。韩国新技术金融株式会社在实践中孵化和扶持大批中小高新技术企业成长，取得良好的经济和社会效益。完善风险投资体制关键是建立适合中小高新技术企业融资和风险资本退出的"二板市场"，此类市场的特点是股票发行标准低于一般证券市场。1971 年美国政府成立了二板市场即 NASDAQ 市场，与纽约交易所相比，NASDAQ 上市的标准较为宽松，上市费用比较低廉，为尚不具备在证券交易所上市的成长中的高新技术企业打开了

158

方便之门。

（六）培养高科技研究人才

为了加速高新技术产业化进程，促进高新技术产业发展，发达国家采用各种措施培养人才，积累了丰富的人力资本和智力资源。美国政府主要采取了以下措施：首先，加大教育经费的投入，1990年教育经费超过了国防预算，金额高达 3530 亿美元。同时，政府各部门纷纷制订教育计划，美国国家自然科学基金会教育部，国立卫生研究所，国家航天局，能源部，农业部都制订了各类教育培训计划，并提供了大量经费；其次，美国政府还设立了"霍特曼奖"、"总统青年探索者奖"、"工程创造奖"、"青年研究员计划"等专门奖励青年科技人员，鼓励他们在科学前沿、工业界的研究开发活动中做出贡献；最后，美国政府还采取了"研究员薪金制"、"研究费用申请制"等制度激励科技人员进行岗位竞争，促进人才合理流动。

日本政府为青年科技人才的成长创造良好的环境采取了以下措施：日本科技厅分别设立"基础科学特别研究员制度"和"科技特别研究员制度"，针对 35 岁以下的科技人员，以合同形式进行自由研究，科研人员经批准的自选课题可获得资助；日本通产省与大企业合作，建立专供青年科技人员使用的实验室；实行"以博士程度研究者为对象的新研究人员任用制度"；建立青年研究基金；实施"先驱研究 21 计划"，从 1991 年起日本科技厅在 3 年内向被选中的 45 名青年研究人员每人支付 6000 万日元的经费，支持他们从事能够在 21 世纪取得重大突破的技术领域研究。德国政府通过财政支持，缩短大学、研究生学制，加强学习与研究工作相结合，调整大学学科等方面培养人才；同时，还制订了培养青年科学家的"海森促进计划"，设立"墨斯计划"，旨在为大学青年人才从事有限合作研究提供经费资助。

（七）建立高新技术产业开发区

高新技术产业开发区作为高新技术产业化的载体，是孵化高新技术企业的基地，也是高新技术产业规模化生产的聚集地。因此，国外政府非常重视对高新技术产业开发区的建设，主要是完善园区内基础设施、提供公共产品和政策保障。日本筑波科学城的建设，前后经历20年，共耗资1.3万亿日元用于基础设施建设，并制定了一系列鼓励研究人员在此生活和工作的优惠政策。西班牙政府投资100亿美元，用于卡贾图科学城的基础设施建设。美国作为自由市场经济体制国家，一般不对高新技术开发区进行直接投资，而是完善园区发展大环境，主要通过国家采购和制定优惠政策引导高新区的发展。发达国家和地区大多按照产业分工和产业关联性及产业集群的原则建设高新技术开发，因此高新区具有鲜明的主题特色，成为真正意义上的高新技术产业化载体和区域创新系统。

160

四　国外支持政策的借鉴意义和启示

基于前文的分析，我们发现和国外相比，我国原创性高新技术产业发展的制度机制还存在着有待改进之处，尤其是在基础研究投入、风险投资、R&D税收激励政策三方面。

（一）基础研究投入不足

许多国家的情况表明，基础研究作为激发原始性创新的源泉，对于国家竞争力影响甚大。20世纪90年代以来，我国R&D的投入从总量的绝对额上呈现逐年增长的趋势。2011年全国R&D总经费8610亿元，是2000年的9.6倍，年平均增长23%。R&D投入占GDP的比例为1.83%，比2000年提高了0.93个百分点创历史新高，但与世界领先国家3%左右的水平相比仍有较大差距。同时基础研究投入的状况不容乐观，基础研究经费占R&D经费的比重这一重要指标，多年来一直徘徊在5%上下。2011年我国基础研究经费支出为396亿元，占R&D总经费的4.6%。而目前世界大多数工业化国家基础研究经费占R&D经费的比例大多在10%以上。例如，2008年美国为17%，2005年日本为12.7%。基础研究支出所占比重不高表明我国科技发展的根基还不够坚实，原始创新能力发展动力不足。

另外，根据 2009 年全社会 R&D 资源清查数据，我国基础研究经费来源主渠道是中央财政的专项拨款，中央财政持续增加基础研究投入是我国基础研究活动不断发展的重要保证，企业部门对基础研究的投资量很小。与之对比的是美国企业界对基础研究的关注在不断上升，尤其是 20 世纪 90 年代初期和中后期，对基础研究的投资有两次大幅度增长。这导致美国基础研究经费中来源于联邦政府的比例和来源于企业部门的比例呈现此低彼高的变化，联邦政府资金从 20 世纪 70 年代占 70% 左右降至 2000 年占 49%，企业资金所占份额则从 15% 左右提高到 34%，高等学校、非营利机构和地方政府对基础研究的资助作为有益的补充，共占 15%—20%。2000 年美国基础研究经费中，233 亿美元来源于联邦政府，162 亿美元来自企业，84 亿美元来自高等学校、非营利机构和地方政府。

由此来看，对基础研究投资以政府作为主渠道而不完全依赖于政府，企业界积极介入、高校及非营利机构有一定份额的投资，是发达国家基础研究经费保持较高水平的一个重要因素。我国在基础研究资金来源与发达国家存在着明显的差异。这种差异不仅对基础研究投入的总体规模及强度影响极大，而且对基础研究活动的发展方向和增长方式也会产生影响。我国现阶段企业的基础研究活动几近空白，反映出我国基础研究资源在结构上存在一定的不合理性。而企业是否投资或实施基础研究都必然受到市场经济规律和自身研发能力的制约，但从长远来看进行结构调整对于我国基础研究活动的持续发展非常重要。不能仅仅依靠政府对基础研究投入，非政府投入作为基础研究活动的重要支撑条件，理应受到重视并促其发展。我们必须把积极引导和逐步提高企业在基础研究活动中的作用，并争取高校、研究机构和其他社会资金投入，作为一项长期的重要的任务。

（二）风险投资体系不健全

国外经验表明，高新技术产业的发展需要风险投资，风险投资对高新技术产业的发展起了催化剂和推动的作用。对于高新技术企业来说，创业初期是发展的关键阶段，需要特别扶持和帮助。在国外，一般高新技术企业在 10 年生存率仅 5%—10%。这样巨大的风险使一般的投资者却步。解决这个问题的关键，是建立风险投资机制和完善的股票市场。风险投资属市场行为，以实现营利为目的，通过成功企业股票超额升值，弥补失败企业的损失，使风险转移和分化。在美国，成功的高新技术企业投资回报率在 2—3 年间可增长 10—20 倍，股票价格大幅上涨，体现了股票市场对风险投资的巨大支持作用。美国的高新技术企业之所以比欧洲和日本发展更加迅速，首先得益于美国发达的风险资本和健全的股票市场。

162

从风险投资的组织形式来看，美国绝大多数风险投资是由独立的私人风险投资公司、合作风险投资公司和小企业投资公司运营的。而且从 20 世纪 80 年代以来，美国的风险投资公司几乎全部是有限合伙制企业，它们卓有成效地保证了风险资金投向高科技产业。风险投资业为美国硅谷高技术的发展开辟了稳定的融资渠道，对于美国硅谷的崛起有着不可磨灭的功绩，而这些接受风险资本支持的高技术项目中不乏大量应用基础类原创项目。

在科学基金对原始创新的支持方面，美国的经验也值得我们参考。美国私人基金会资助科学研究的一个主要特点就是重点支持具有高风险的科学前沿研究和跨学科研究。20 世纪科学上的一些重要发现和重要科学家的研究如居里夫人的镭研究、分子生物学学科的创立等，都与美国私人基金会的资助相关联。洛克菲勒基金会在 20 世纪 30—50 年代对分子生物学的支持也是一个重要例证。

比较之下，目前日本和欧盟，尤其是日本的风险投资制度，尚缺乏成熟而富有成效的风险投资队伍。特别是日本的风险投资受银行与保险公司的影响较大，因而很难把风险投资集中在创新性的高技术发展方面，使日本的风险投资有流向非高技术产业的可能，从而降低了其对企业技术创新的作用。

我们不能照搬美国的经验，但可以适当鼓励民间团体、私人基金投资基础科学，实现原始创新投入体系的多元化，发挥民间团体与私人基金的灵活性与范围广等优点。除了要增加各级财政对科技的公共投入之外，国家还应制定相应的政策和法规，积极鼓励和引导社会资源对原始创新活动的投入。

（三）R&D 税收激励政策有待完善

目前 OECD 国家的 R&D 税收激励政策有两种不同的实施方案，即"所得税减免"和"应税收入抵扣"。所得税减免方案是：政府从企业应付所得税额中扣除部分或全部的特定 R&D 支出。加拿大、意大利、韩国、荷兰、挪威、法国、日本、墨西哥、美国、葡萄牙、西班牙等 OECD 国家实际实施的是所得税减免方案。由于各国税收体制存在较大差异，其减免税率也各不相同。应税收入抵扣方案是：政府允许企业从应税收入中扣除比实际 R&D 支出更多的金额。比利时、丹麦、英国、澳大利亚、奥地利、匈牙利等 OECD 国家实际实施的是应税收入抵扣方案。2001 年，为了鼓励增加 R&D 投资，澳大利亚在对具备优惠资格的企业提供 125% 的 R&D 应税收入抵扣的基础上，又增加了一项 175% 的额外抵扣优惠。

我国的 R&D 税收激励加计扣除政策框架体系初步形成，但企业受益程度与范围有待提高。2009 年全国 R&D 资源调查显示，我国有 3.38 万家企业设有 R&D 机构，R&D 经费总支出 2079 亿元。但我国企业 R&D 活动获得政府税收补贴的水平整体偏低。在 OECD《2009 年度科学、技术、产业记分榜》中，我国一般企业的税收补贴为 0.138，在世界主要国家中排名第 14 位，其中高新技术企业税收补贴值在中小企业中居第 24 位，在大企业中居第 23 位。[①] 尽管 2006 年《财政部、国家税务总局关于促进企业技术进步有关财务税收问题的通知》、2008 年《中华人民共和国企业所得税法》及其配套措施《企业研究开发费用税前扣除管理办法》均加强了对企业 R&D 的激励与优惠政策机制，我国 R&D 税收激励的加计扣

163

---

① 刘初旺：《我国 R&D 税收激励程度的国际比较研究》，财经论丛，2012（1）。

除政策政策框架体系已初步形成，但国家层面的文件过于笼统，多数地方政府部门没有制定相配套的实施细则，企业受益程度与范围有待提高，影响了政策实施的有效性。

五　促进我国原创性高新技术产业制度发展的对策建议

（一）提高基础研究经费投入，提升原始创新能力

一是要充分发挥国家财政支持基础研究的主导作用，继续加大对基础研究的投入力度。通过制定有关政策法规，引导和鼓励地方政府、企业和社会力量增加对基础研究的投入，完善多渠道支持基础研究的格局，逐步扭转我国基础研究投入强度偏低的局面。通过建设企业国家重点实验室等方式，引导和支持有条件的企业特别是大企业和转制院所重视基础研究并加强投入。二是围绕国际科学前沿和经济社会发展的重点领域进行超前部署，集中力量攻克一批重大科学问题，提升我国原始创新能力。结合国家科技计划、知识创新工程和自然科学基金项目等的实施，加强产业关键核心技术和前沿技术的研究，力争取得一批重大原始创新成果，抢占科学制高点。同时，要创新基础研究成果转化的新机制，通过产学研联盟等方式，促进高校、科研院所和企业的交流与合作，加快基础研究成果的转化步伐。

（二）完善风险投资机制，构建多渠道的产业发展融资体系

一是大力发展风险投资业。加紧研究制定较为完整的风险资本市场法和相应的配套政策措施，确认对风险投资企业的税收优惠、财政补贴和信用担保制度，保护各类资本的合法权益，为风险投资的正常运作提供法律保障。设立政府主导的创业投资引导基金投入风险企业，重点支持种子期或初创期科技型中小企业的技术创新，增强商业性资金投资原创性高新技术产业的信心。二是加强金融创新，引导各类金融机构对新兴产业发展的支持力度。支持银行等各类金融机构加大对高新技术企业、科技型中小企业、在孵企业的贷款力度；鼓励银行开展知识产权、非专利技术等无形资产质押贷

款；支持保险机构积极开展科技保险业务，逐步建立创新产品研发、科技成果转化的保险保障机制。发挥财政资金的杠杆和增信作用，探索建立金融科技贷款的风险补偿机制；设立专项资金，专门用于对银行发放的知识产权质押贷款提供担保支持。三是积极推动多层次资本市场的建立，充分发挥资本市场的融资功能。加快建立创业板市场、技术交易市场、股权转让平台，完善上市公司的审核、退出机制，积极鼓励推动从事原创性高新技术产业的企业在加强规范管理的基础上从资本市场和债券市场融资，拓宽产业发展的融资渠道。

（三）建立多层次的税收政策框架，加大对原创性高新技术产业的税收优惠力度

对符合原创性高新技术产业重点发展领域的企业或项目给予各种税收优惠。一是实行侧重于税前的税基优惠方式。进一步缩减折旧年限，对原创性高新技术产业科研活动使用的专用装置、先进设备、房屋实行加速折旧，并允许不扣除残值计提折旧。对原创性高新技术产业为开发、制造高新技术设备和产品而进口的部分关键配套部件和原材料，减征进口关税和进口环节增值税；对金融机构为原创性高新技术产业进行创新研发互动提供贷款所取得的利息收入差额计算营业税。对担保机构为研发贷款提供担保所取得的担保收入，也给予同样的税收优惠待遇。对保险公司向原创性高新技术产业提供的科技保险收入减征相关税费，以促进科技保险的运用和推广。二是实行流转税退税税收优惠形式。即将由于购进固定资产和无形资产行为而承担的增值税进项税额和营业税额予以即时退税，以减轻原创性高新技术产业在研发环节的税收负担，待企业过渡到生产销售产品阶段，流转税退税政策就不再享受。

第六章　促进我国原创性高新技术产业发展的对策建议

近年来，随着我国自主创新战略的实施，我国科技研究投入特别是基础研究投入不断增加，科技重大专项实施初见成效，取得了一批重大科技创新成果，原始创新能力大幅提升，国际影响日益扩大，我国科技发展进入重要跃升期①，为我国原创性高新技术产业发展创造了良好条件。

一方面，我国越来越重视基础研究在提高原始性创新能力中重要作用，不断加大基础研究投入，整体创新水平大幅度提升，原始创新能力逐步提高。同时，基础研究的激励与管理制度不断完善，《国家基础研究发展"十二五"专项规划》、《关于进一步加强基础研究的若干意见》等政策文件的实施，促进了知识创新体系不断完善，优化了基础研究布局，加强了创新基地建设，加快了组织管理模式创新，完善了科学评价机制。另一方面，我国大力发展战略性新兴产业，争取新一轮经济的发展主动权。我国战略性新兴产业相关政策体系不断完善，系统加强了产业战略布局与条件保障，加大了产业核心技术的研发力度，产业技术创新体系与产业链得到系统性的加强，风险投资、科技服务业、产业战略联盟等产业组织与支撑机制不断完善，对我国战略性新兴产业发展以及产业原始创新能力的大幅度提升提供了有力支撑。

---

① 万钢：《大力加强基础研究　提升原始创新能力为建设创新型国家做出新的贡献》，2011 年全国基础研究工作会议上的讲话。

但同时应该看到，尽管我国激励政策体系不断完善，科技创新能力与产业整体发展能力大大加强，但是原创性高新技术产业发展是一个国家综合实力和体制机制优势的集中体现，我国原创性高新技术产业发展还需要一个能力长期积累和产业体系整体提升的发展过程。同时，由于我国正逐渐从投资型经济增长政策机制向创新型经济发展政策机制转变，政策机制的完善与落实还需要一个不断深化和调整的过程。

由于原创性高新技术产业发展是促进技术创新、产业发展、市场竞争、经济资源配置等系统工程，系统化的政策制度设计与支撑体系构建具有重要的激励作用。以下根据原创性高新技术产业发展的主要规律以及国际成功经验，针对当前我国在原创性高新技术产业发展中存在的主要问题，提出相关对策建议。

第一节　加强核心技术与技术标准研发，
完善产业创新体系

目前，我国原创性高新技术产业发展的重点是加强基础研究能力的整体提升以及加快战略性新兴产业的培育。在基础研究与原始创新能力方面，我国基础研究的积累还不够，知识创新体系还不完善，开辟新的研究方向、引领学科发展的能力尚欠缺；各级政府和企业对基础研究的投入不够，高水平科技人才短缺；学术环境不够宽松，国际交流合作水平不高。在战略性新兴产业培育方面，我国正面临着难得的重大战略机遇期。通过对我国主要战略性新兴产业领域发展阶段的主导设计、创新模式与经济规模等因素进行分析，我国战略性新兴产业领域，除信息网络产业整体上处于发展期外，其余均处于孕育期或成长期①，因此核心技术研发与主导设计发展

① 段小华：《战略性新兴产业的投入方式、组织形式与政策手段》，改革，2011（2）。

已成为产业发展与核心竞争力形成的关键环节。结合我国战略性新兴产业领域的发展阶段，针对我国战略性新兴产业起步晚、基础性与前瞻性技术储备不足、国际技术标准竞争中缺少话语权等主要问题，我国必须加强主导设计与技术标准的研发，构建产业创新体系，争取产业技术发展主导权。

一 加大基础研究的投入力度，加强重大科学技术领域的前瞻性布局

充分发挥国家财政支持基础研究的主导作用，继续加大对基础研究的投入力度。通过制定有关政策法规，引导和鼓励地方政府、企业和社会力量增加对基础研究的投入，完善多渠道支持基础研究的格局，逐步扭转我国基础研究投入强度偏低的局面。

围绕国际科学前沿和经济社会发展的重点领域进行超前部署，集中力量攻克一批重大科学问题，提升我国原始创新能力。加强重大科学技术创新领域的前瞻性布局，继续组织实施重大科学研究计划，组织多学科交叉集成的科研团队对具有重大科学意义的基础研究课题开展研究，集中力量攻克一批重大科学问题。结合国家科技计划、知识创新工程和自然科学基金项目等的实施，加强产业关键核心技术和前沿技术的研究，加强交叉领域的技术和产品研发，力争取得一批重大原始创新成果，抢占科学制高点，提高基础技术研究水平。

二 完善知识创新体系，提升整体原始创新能力

加强重大科技基础设施，特别是多学科实验装置的建设，促进原创性科技研究的基础设施水平的提升，建设一批具有国际一流水平的科学中心，促进学科交叉融合与重大科技创新突破。以国际一流科学中心和重大科技基础设施为中心，加强面向产业化的研究综合体与高科技园区的建设，促进基础研究与应用基础研究的融合互动。继续加强国家重点实验室、国家重大科技基础设施和大科学工

程等基础研究创新基地，重点培育一批研究型大学和研究所。创新基础研究成果转化的新机制，通过产学研联盟等方式，促进高校、科研院所和企业的交流与合作，加快基础研究成果的转化步伐。

加快战略性新兴产业的创新体系建设，加强战略性新兴产业的科技基础条件建设，建设一批国家级工程研究中心和新兴产业重点实验室，吸引国内外高端科技人才加盟。通过建设企业国家重点实验室、博士后工作站等方式，引导和支持有条件的企业积极参与战略性新兴产业的重大科技项目研究。加快构建适应战略性新兴产业特点的产业共性技术创新体系，联合行业龙头企业、高校和科研单位组建核心技术攻关团队，在材料、装备、平台等方面开展多部门、多学科的产学研联合攻关，集中力量突破掌握一批具有自主知识产权的核心技术。

三 实施技术标准战略，构建产业合作创新体系

在重大科学技术创新以及战略性新兴产业的重点领域，加强技术标准战略导向与投入力度，制订技术标准战略计划，加快重点领域、重点项目的原始技术创新及相关技术标准的制定。建立与科研项目配套的标准化研究机制，以及以市场为导向并满足标准开发需求的科研支撑机制。加强基础技术与战略专利的研究，建立产业技术联盟，在自主技术标准框架下加强国际技术研发合作，加快在基础技术与战略专利方面的知识产权战略布局，形成原创性高新技术产业发展的基础知识产权体系。

在原创性高新技术的产业化过程中，设立产业发展专项资金，重点加强对以国内企业为主的产业联盟给予资金税收支持以及政策引导。加强相关技术标准建设的机制创新，促进自主创新技术向技术标准的转化。鼓励企业以自主创新成果为基础建立起拥有专利技术的企业标准，支持产业内有较强国际竞争力的企业，将自主创新成果通过专利联盟等方式形成产业联盟标准。鼓励我国企业和研发机构参与国际标准的制定，鼓励外商投资企业参与我国技术示范应

用项目，共同形成国际标准，并积极参与国际标准的市场竞争。

四 创造有利于原始创新的学术环境，加强国际学术合作

根据原始性创新研究的规律，营造宽松自由的基础研究学术环境。在基础研究投入中，着眼于出思想、出人才和扶持学科增长点的思路，加强原始性创新研究的支持力度。鼓励科研人员自由流动，促进学术交流、交叉和融合。对从事以自由探索为主的基础研究和高技术前沿探索研究的科研团队，加快相关的科技政策和管理方式的调整，建立和完善科学合理的科研立项遴选机制，并建立适应原始性创新的评价体系。

170

加强国际学术交流与合作，鼓励我国的研究团队积极参与国际合作，在平等互利的基础上共享资源和信息，提升原始创新能力。充分发挥政府间科技合作的主渠道作用，积极参与国际大科学研究计划和大科学装置建设，推动高水平基础研究的开放、合作与交流。组织有我国自主优势的重大国际合作研究计划，力争形成以我为主的国际科技合作格局。对有基础和优势的国家重点实验室，应选准目标，给予大力支持，对外开放，在全球范围内选拔学科带头人，吸引一批在国际上有影响、有突出成就的优秀科学家，从事基础科学研究和高技术前沿探索，使其成为国际上有影响的研究中心。支持我国企业和研发机构积极开展全球研发服务外包，在境外开展联合研发和设立研发机构，在国外申请专利。

第二节 大力培育和创造市场需求，
促进产业规模化发展

原创性高新技术产业的市场发展具有市场潜力大、不确定性强、投资风险高、商业模式不成熟等特点。一方面，由于原创性高新技术产业是以重大技术突破和重大发展需求为基础，对经济社会全局和长远发展具有重大引领带动作用的产业，往往具有很大的市

场潜力。另一方面，由于原创性高新技术产业的技术与市场不确定性强，商业模式不成熟，市场进入瓶颈制约大，在市场化初期成本较高，就限制了相关产业的规模化发展。

特别值得注意的是，以往我国高新技术产业发展中，存在"两头在外"的发展模式，制造业的大规模发展能力与产业原始创新能力、产品系统整体设计能力、消费市场控制能力严重不足的矛盾，形成产业发展机制的结构不平衡和系统性风险。

因此，在当前原创性高新技术产业和战略性新兴产业的政策结构设计中，必须重视产业规模化发展与国内外市场规模二者之间的结构平衡和产业风险规避机制。我国必须在大力开发国际市场的同时，特别加强国内市场有效需求的开发，通过市场培育来加快国内新兴市场向大规模市场的转化，促进原创性高新技术产业的规模化发展，形成产业发展与市场应用的良性互动。同时，针对不同产业特点可以采取有针对性的政策措施，加大对创新成果产业化的支持力度，促进原创性高新技术产业的不断成熟与市场空间开拓。

一　灵活实施政府采购制度，引导和培育产业发展

在政府采购和公共投资领域中加强对原创性高新技术成果的应用，进一步完善自主创新产品政府采购的管理办法和实施细则，加快在全国范围统筹推进首台（套）原创性自主创新产品的政府采购工作，在更大范围内推动原创性高新技术产品的市场应用。在原创性高新技术产业领域，规定国际采购的本地含量，给予我国原创性高新技术企业一定的价格优惠，优先购买原创性高新技术产品，利用政府采购方法的选择来促进原创性高新技术产业的市场培育。

二　组织实施重大应用示范工程，促进市场拓展和商业模式创新

以加速重大科技领域产业规模化发展为目标，选择处于产业化初期、社会效益显著、市场机制难以有效发挥作用的重大技术和产品，组织实施全民健康、绿色能源、智能制造、材料换代、信息惠民等重大应用示范工程，统筹技术开发、工程化、标准制定、市场应用等环节，鼓励绿色消费、循环消费、信息消费，创新消费模式，促进消费结构升级。

加强新能源并网及储能、支线航空与通用航空、新能源汽车等领域的市场配套基础设施建设，培育市场，拉动产业发展。在物联网、节能环保服务、新能源应用、信息服务、新能源汽车推广等领域，支持企业大力发展有利于扩大市场需求的专业服务、增值服务等新业态，积极推行商业模式创新，大力培育和创造市场需求。

172

三　完善市场准入制度与价格形成机制，形成鼓励创新的市场环境

在市场准入、示范应用、政府采购、财政补贴、知识产权、市场秩序等方面加大扶持，引导培育国内消费市场，创造促进原创性高新技术产业发展的良好市场应用环境。放宽战略性新兴产业的市场准入政策，鼓励产业内的价格适度竞争，保证公平公正的市场竞争和市场活力。充分运用价格杠杆、完善基础设施等手段，优化新技术和新产品的市场应用环境。

在战略新兴产业发展的重要领域，建立健全创新药物、新能源、资源性产品价格形成机制和税费调节机制。加快建立生产者责任延伸制度，建立和完善主要污染物和碳排放交易制度，完善并严格执行节能环保法规标准，促进节能环保产业发展。实施新能源配额制，落实新能源发电全额保障性收购制度。建立促进三网融合高效有序开展的政策和机制，深化电力体制改革。

第三节　加快产业组织创新，完善产业合作创新体系

原创性高新技术产业的发展，需要与之匹配的组织创新机制。由于原创性高新技术产业具有技术创新链长、技术与市场风险高、

产学研关系密切等特点，因此其组织发展需要形成创新型企业为主导、产学研结合、技术创新联盟为核心、高技术集群发展的产业组织创新体系。从我国情况来看，一方面，根据国际经验，大企业与创新型企业的高水平研究机构是原始技术与基础技术的重要发源地，也是促进大学基础研究与企业应用研究互动的创新载体。而在我国，尽管近年来企业研发投入不断增长，但由于企业很少关注基础研究，原创能力严重不足，因此我国应当重视对企业高水平研究机构的培育扶持，提升企业原创研究在我国研发活动中的重要地位。另一方面，在高技术产业组织发展模式方面，急需改变以往突出发展产业链制造环节，而整体产业合作创新体系涣散，缺乏技术合作联盟和整体产业链优化布局的发展模式。因此，我国需要以加快战略性新兴产业培育为契机，大力发展产业技术创新与知识产权联盟，推动基于原始创新技术链与产业链的高技术产业集群的发展。

一 强化企业创新组织建设，提升企业原始创新能力

加强企业的基础研究组织机制与能力建设，引导高端创新要素向企业集聚。以构建以企业为主体的、产学研结合的国家技术创新体系和建立现代企业制度为契机，加快企业产权制度的改革和经营方式的转换，加强企业技术创新能力建设，建立和完善企业技术开发体系、科技投入体制和产学研联合创新机制。通过建设企业国家重点实验室、博士后工作站等方式，引导和支持有条件的企业特别是大企业和转制院所重视基础研究并加强投入。

加快建立以企业为主体的产业自主创新体系，在国家和地方的科技发展规划中充分考虑企业需求，在科技投入、研究计划和人员配置方面向企业倾斜，将企业的重大技术研究项目纳入国家科技计划中。在国家和地方的重大科技项目实施中，大大提高企业参与的程度与作用，建立由骨干企业牵头组织、科研机构和高校共同参与实施的有效机制，推进以企业为主体的原创性技术创新活动。通过

产学研联盟等方式，促进企业和高校、科研院所的交流合作，不断创新基础研究成果转化的新机制，促进原始创新的产业化。支持企业对行业中的技术难点和共性关键技术从基础研究的角度进行探索，为产业技术创新提供理论支撑，带动整个行业和中小企业的发展。

二　加强产业技术创新联盟建设，促进产学研合作

加强对原创性高新技术产业中企业间技术创新合作的引导政策机制，有效协调国家利益、行业利益和企业利益，鼓励相关成员结盟，组织建立产业技术创新联盟。在相关战略性新兴产业培育中，依托骨干企业，围绕关键核心技术的研发和系统集成，支持建设若干具有世界先进水平的工程化平台，结合技术创新工程的实施，发展一批由企业主导，科研机构、高校积极参与的产业技术创新联盟，促进各种主体在技术研发、专利共享、市场开拓等方面开展产业链合作与分工。

引导产业技术创新联盟或专利联盟的规范化发展，建立合理、高效的联盟内部组织管理和利益分享机制。根据原创性高新技术产业的产业链，建立规范化产业联盟组织，制定并严格执行联盟章程，合理界定联盟成员的知识产权权利和义务关系。充分发挥联盟在促进产业链合作、争取政策支持、推动专利共享、发展自主技术标准等方面的积极作用，促进产业内外相关主体的联动，并提高联盟的国际化程度。支持和鼓励产业技术创新联盟或专利联盟积极参与国际技术标准的制定。

三　以科技园区为依托，促进高新技术产业聚集发展

以各类科技园区为基础，促进高新技术企业集聚发展，共享园区基础设施和各类公共平台。促进具有优势的高新技术产业集聚区的升级，扩大各类科技园区的规模，完善基础设施，提升服务水平，调整各专业园区布局，强化其对原创性高新技术产业发展的载

体功能。培育一批创新能力强、创业环境好、特色突出、集聚发展的战略性新兴产业示范基地，形成增长极，辐射带动区域经济发展。加强产业集聚区公共技术服务平台建设，促进中小企业创新发展。

设立重大科技成果产业化和战略性新兴产业发展专项资金，重点用于支持原创性高新技术产业的技术研发、产业化、创新平台、公共服务等方面的政策性补助，培育一批各具特色的产业集群，带动各地战略性新兴产业的快速发展。在原创性高新技术产业集群培育过程中，应当重视产学研合作机制的作用，将高校和科研机构作为原创性高新技术产业发展的重要的技术来源地，鼓励在高校和科研机构内部建立良好的科学技术商业化制度，培养技术企业家，促进原创性高新技术企业的发展。完善重大科技成果产业化机制，加大实施产业化示范工程力度，建立健全科研机构、高校的创新成果发布制度和技术转移机构，促进高新技术转移和扩散。

第四节　完善激励政策体系，优化产业发展的制度环境

原创性高新技术产业发展是促进技术创新、产业发展、市场竞争、经济资源配置等系统工程，系统化的政策制度设计与支撑体系构建具有重要的激励作用。原创性高新技术产业发展的制度激励机制涉及原创性高新技术产业的不同发展阶段的技术、标准、市场、投资、产业、资源环境等多方面经济要素的配置机制。

尽管近年来随着我国自主创新战略和战略性新兴产业培育政策的实施，我国原创性高新技术产业的激励政策体系逐渐完备，但由于我国刚刚开始从制造型经济政策机制向创新型经济政策机制转变，在政策机制的完善与落实还需要一个不断深化和调整的过程。从目前情况来看，在我国原创性高新技术产业政策体系还存在可以进一步提高完善之处。主要是要加强政府政策与市场机制的有效结合。现有政策措施多数是专项资金、财政补贴、政府采购、发展指

南等，政府直接干预的计划色彩较浓，而对如何发挥市场机制的作用，如何调动市场资源、发挥现代金融机制作用、优化知识产权保护与公平竞争的市场环境等则考虑得较少。需要通过完善原创性高新技术产业的激励政策体系，形成全方位促进原创性高新技术产业发展的制度环境。

一　建立多层次的税收政策框架，形成促进产业发展的税收环境

在全面落实现行各项促进科技投入和科技成果转化、支持高技术产业发展等方面的税收政策的基础上，结合税制改革方向和税种特征，针对原创性高新技术产业和战略性新兴产业的特点，研究完善鼓励创新、引导投资和消费的税收支持政策。对符合原创性高新技术产业重点发展领域的企业或项目给予各种税收优惠。

实行侧重于税前的税基优惠方式。进一步缩减折旧年限，对原创性高新技术产业科研活动使用的专用装置、先进设备、房屋实行加速折旧，并允许不扣除残值计提折旧。对原创性高新技术产业为开发、制造高新技术设备和产品而进口的部分关键配套部件和原材料，减征进口关税和进口环节增值税；对金融机构为原创性高新技术产业进行创新研发互动提供贷款所取得的利息收入差额计算营业税。对担保机构为研发贷款提供担保所取得的担保收入，也给予同样的税收优惠待遇。对保险公司向原创性高新技术产业提供的科技保险收入减征相关税费，以促进科技保险的运用和推广。

实行流转税退税税收优惠形式。即将由于购进固定资产和无形资产行为而承担的增值税进项税额和营业税额予以即时退税，以减轻原创性高新技术产业在研发环节的税收负担，待企业过渡到生产销售产品阶段，流转税退税政策就不再享受。同时，对符合原创性高新技术产业和战略性新兴产业重点发展领域的企业或项目给予税收优惠，对具有自主知识产权支撑的高新技术产品参与国际竞争给予税收减免和出口退税扶持。

二　加强现代金融体系建设，完善风险投资环境

根据原创性高新技术产业和战略性新兴产业发展需要，加强现代金融体系建设。积极推动多层次资本市场的建立，进一步完善创业板市场制度，支持符合条件的企业上市融资。推进场外证券交易市场的建设，满足处于不同发展阶段创业企业的需求。完善不同层次市场之间的转板机制，逐步实现各层次市场间有机衔接。大力发展债券市场，扩大中小企业集合债券和集合票据发行规模，积极探索开发低信用等级高收益债券和私募可转债等金融产品，稳步推进企业债券、公司债券、短期融资券和中期票据发展，拓宽高新技术企业债务融资渠道。综合运用风险补偿等财政优惠政策，促进金融机构加大支持高新技术产业发展的力度。加大金融服务创新力度，为战略性新兴产业提供差别化信贷优惠。

加紧研究制定较为完整的风险资本市场法和相应的配套政策措施，确认对风险投资企业的税收优惠、财政补贴和信用担保制度，保护各类资本的合法权益，为风险投资的正常运作提供法律保障。大力发展创业投资和股权投资基金，建立和完善促进创业投资和股权投资行业健康发展的配套政策体系与监管体系。充分运用市场机制，通过设立引导资金和税收优惠等方式，带动社会资金投向战略性新兴产业。设立政府主导的创业投资引导基金投入风险企业，重点支持种子期或初创期科技型中小企业的技术创新，增强商业性资金投资原创性高新技术产业的信心。

三　完善知识产权保护与交易的制度环境，促进创新要素优化配置

加强对关键核心技术、基础前沿领域和战略性新兴产业的知识产权保护，完善相关领域的知识产权审查标准，建立并完善专利审查绿色通道、商标审查绿色通道和软件著作权快速登记通道。加强关键技术专利的审查质量管理，支持原创性高新技术产业和战略性

新兴产业创新成果及时获得稳定性较强的知识产权。加强知识产权法律制度中对侵权行为的惩处力度，增加模仿者违法成本，特别是对于创新程度高、研发投入大、对经济增长具有突破和带动作用的首创发明，给予相对较高的保护强度和较宽的等同保护范围，加大知识产权侵权赔偿力度。加强知识产权司法、行政执法、公安、检察等机关的协调配合，建立完善知识产权保护管理体系，进一步提高知识产权执法效率，形成公平竞争市场环境。

加强知识产权交易市场体系建设，加快知识产权交易组织专业化与机制创新。加强战略性新兴产业的知识产权交易功能，加快建立知识产权拍卖、知识产权评估等交易机制，发展高水平知识产权服务机构，建设新型知识产权交易中心。完善高校和科研机构知识产权转移转化的利益保障和实现机制，支持设立以知识产权转移为重点的技术转移机构。大力培育知识产权风险投资企业，积极参与产学研合作，促进大学、研究机构以及高技术企业研究成果的产业化，推动原创性高新技术产业和战略性新兴产业实现知识产权价值。大力发展知识产权证券化、知识产权银行、知识产权保险等金融工具创新，探索知识产权信托机制。

四　加快落实人才强国战略，形成有利于人才培养的制度环境

加强基础研究与战略性新兴产业的人才培育体系建设，完善多元化多层次人才培养机制，培养和造就一批领军人才和优秀团队。建立科研机构、高校创新人才向企业流动的机制，加大高水平科研人才队伍建设力度。加大对具有重大社会效益创新成果的奖励力度，加快完善期权、技术入股、股权、分红权等多种形式的激励机制，鼓励科研机构和高校科技人员积极从事职务发明创造。发挥研究型大学的支撑和引领作用，加强原创性高新技术产业和战略性新兴产业的相关专业学科建设。

加强创新型人才培养与引进机制，完善国际合作创新体系。制定促进原创性高新技术产业和战略性新兴产业发展的人才政策，继续实施引进海外高层次人才的"千人计划"，并向战略性新兴产业的相关企业适当倾斜。对有基础和优势的国家重点实验室，在全球范围内选拔学科带头人，吸引一批在国际上有影响、有突出成就的高层次创新人才，从事基础科学研究和战略性新兴产业核心技术研发。积极参与国际重大科技项目与战略性新兴产业研究计划，组织有我国特定优势的重大国际合作研究计划，推动高水平研究的开放、合作与交流。